你可以更彪悍地应对世界

有些人**享受生活**，有些人**忍受生活**，
而我们，**为生活而战斗。**

云峰 著

湖南文艺出版社
HUNAN LITERATURE AND ART PUBLISHING HOUSE

博集天卷
CS-BOOKY

图书在版编目（CIP）数据

你可以更彪悍地应对世界 / 云峰著.—长沙：湖南文艺出版社，
2013.9
ISBN 978-7-5404-6304-5

Ⅰ.①你… Ⅱ.①云… Ⅲ.①人生哲学 – 通俗读物
Ⅳ.①B821-49

中国版本图书馆CIP数据核字（2013）第154806号

上架建议：成功·励志

你可以更彪悍地应对世界

作　　者： 云　峰
出 版 人： 刘清华
责任编辑： 薛　健　刘诗哲
监　　制： 陈　江　毛闽峰
特约编辑： 周显亮　陈春红
封面摄影： 李风珺
装帧设计： 主语设计
出版发行： 湖南文艺出版社
　　　　　　（长沙市雨花区东二环一段508号　邮编：410014）

网　　址： www.hnwy.net
印　　刷： 北京京都六环印刷厂
经　　销： 新华书店
开　　本： 640mm × 960mm　1/16
字　　数： 154千字
印　　张： 16
版　　次： 2013年9月第1版
印　　次： 2013年9月第1次印刷
书　　号： ISBN 978-7-5404-6304-5
定　　价： 28.00元

（若有质量问题，请致电质量监督电话：010-84409925）

目录
Contents

序言

唤醒你心里沉睡的力量

我少年研经，中年云游，晚年闭关，只是为了寻找生命的答案。

最后却发现，众生是一个整体，彼此连接，不可分离。

你以为自己渺小，很多事情没有能力左右。

我却知道你也是天上的一颗星辰，有自己的位置、自己的光芒、自己的使命。

我想看你发出光来，我想唤醒你心里沉睡的力量。

所以就有了这些故事。

不谈禅理，只讲世俗的生活，只讲你每天的所看、所感、所想。

在生活中束缚你的层层锁链，我要把它们一一击破。

我要你主宰自己的生活。

我能给你什么？

不过是一套征服世界的方法。

你不用再看任何人的脸色，你可以骄傲地展示真我。

你可以得到大自在、大解脱。

第一篇

世界就是一本大书

这世界就是一本大书，你要用自己的心去衡量

我不讲迂腐的道理。

什么叫善？就是发现你真实的自己，佛心佛性说的都是这点儿东西。

每个人生命的最核心的地方，原本就如仙境一般美丽。

有个老朋友把孩子领来，求我开导，可见他们是彻底没办法了。

我一看，那孩子就是典型的富家子弟。

对这样的孩子，我有一句断语：花父母的钱，糟蹋自己的命。

他们炫耀的都是别人的东西。每天都很辛苦地找新鲜找刺激，然后一觉醒来什么都没剩下。快乐总是走得太快，每天一睁眼，他们都是精神上的赤贫。

我也没别的办法，只让孩子把口袋掏干净，背包都不留，让朋友离开。

之后，我把孩子领进柴房，门一锁，不再管他。

到了吃饭的时间，只送他一碗粥。他不吃？没关系，下顿还是这碗粥。

柴房里没有床，也没有被子。第二天早上再看，他缩在墙角的草堆里，睡得还挺香。

我的策略很简单，每天抽空儿转一转，他有话可以跟我说，绝对不先跟他开口。既然孩子都嫌父母唠叨，那就来个省事儿的。

这孩子最后也是什么招数都使了，又吵又闹又骂，我充耳不闻。

他急了，把马桶里的屎尿泼得满屋都是。太阳一出来，苍蝇都被引得往这儿飞。看他捏着鼻子赶苍蝇，我都忍不住笑。

到了第三天，这孩子终于开口求我，说实在受不了了，只要放他出来，保证听话。

我送去一块布、一盆水，让他自己把房子擦干净。

你知道，那些肮脏的污物渗进墙里，气味经久不散。我就让他一遍一遍地擦，不断地换水，这孩子一直忙活到深夜。

夜里，我送去两个冷馒头，连咸菜都没有，他吃得真香。

第二天，我去跟他聊天，问他有什么感想。

只见他眉头微皱："我长这么大没吃过这种苦，没受过这种委屈，但是我挺过来了。在你这儿有点儿像角色扮演的游戏，我扮演囚犯，完了发现我什么都能适应。

"原来每天我都特忙，电话一个接一个，七八件事同时装在脑子里。到这儿什么都没了，就像把自己从原来的生活里一下给挖出来了，空荡荡的，什么都没有，我都快忘了自己是谁了。

"后来我想改变。从小我想做的事，不管用什么办法，最后一定能达到目的，爸妈都得听我的。可是这里没人理我，我怎么折腾都没用，最后不得不服软，干了半宿活儿。明知道你要整我，臭味根本擦不掉，可后来也找到了窍门，用水泡一会儿，再把水拍干，不好的气味也能一点点给带出来。"

听到这儿，我问了一句："这就是你这三天最大的收获吗？"

他摇了摇头："应该说，我这几天换了一种生活方式。虽然什么都没有，但是有时间思考，想以前，想以后，想自己，想了很多。以前心一直浮着，不踏实，到现在才知道，心里面的安静是什么感觉。"

"是什么呢？"

"以前拼命去追去跑，去拿去要，现在看就像做梦一样。我知道自己为什么那么浮躁，因为我来到这个世界，要发出自己的声音，要证明我和别人不一样。可是今天才知道，那种生活不是我要的。我喜欢安静，喜欢思考问题，一分钱没有，一个人待着就可以很好。"

"好在哪里？"

"自己舒服就行了，我什么都不用证明的。活着最简单，安静下来看自己的心，听它跟自己说话。"

我笑着总结道："有钱人吃腻了山珍海味，才发现窝头其实也很香。"

他却反驳："不是口味的问题，以前花了那么多钱都不觉得满足，这几天我心里满了。"

我盯着他的眼睛，他也迎着我。我看到了坦诚清澈，这种目光就像海绵要吸水，婴儿要学习身外这个世界。多好的孩子啊，都让钱给毁了。

"你心里本来就是满的，都是钱把你给掏空了。"

他听了一惊，低头沉思，我也就趁势退了出去。

我给他开了锁，他反而不愿意出来了，他说这间破柴房是他悟道的地方，要留在这里多想一想。

于是，我给他拿去一本《日常的佛心》，里面都是生活中的小故事，他看得津津有味。

我笑着跟他说："来我这儿就是一场游戏，你现在已经通关了，随时可以叫你爸来接你。"

他低头想了一下："这和游戏还不一样，游戏是玩的时候上瘾，玩完了特别空虚，因为那跟自己没有关系。你这里能让我找到自己，包括你这本书，都让我思考自己的人生。"

我反问他："你以前就没看过书吗？看的书就和自己没关系吗？没关系为什么要看？"

只见他苦笑："真不一样。我们这个年纪的小孩，看书看电影，包括听歌，都是想要找自己。我要爽，我要刺激，我要过瘾，找来找去，都是这些短暂的东西。"

"难道就没有长一点儿的东西留下来吗？"我反问。

"有倒是有，常常被故事里的人感动，希望自己也能有一些与众不同的优秀品质。可是回到现实中，发现那些好莱坞式的人生理念常常会使自己碰得头破血流，根本行不通。"

"举个例子？"

"例子太多了，诚实会挨揍，相信别人会遭受背叛，这些铁一样的事实一遍遍在生活中上演。我们也讨论过，为什么好莱坞会一直宣扬那些不切实际的品质？后来终于想通了，因为那里是'梦工厂'。"

他说得我也笑了："都说电影是梦，人生何尝不是梦啊。多少人活了一辈子，都没有机会安静下来，问问自己的心。我看到每个人心里都有无数的财宝，可是有些人却活得像乞丐一样。"

只见他皱起了眉："那么该如何从梦里走出来呢？总不能让每个人都出家当和尚吧？"

"当然不是。你已经找到答案了，看你自己就知道。先找到自己的心，再用自己的心读这个世界，这世界就是一本大书。"

"重要的是不要跟着别人跑，要用自己的心去衡量。"他接道。

"孺子可教也。你说的就是读书的方法了。人在这个世界上总会接触到各种各样的信息，重点是你要明白，不管别人跟你说了多少东西，都是为了让你的心产生你自己的领悟。"

"也就是说，一切都可以怀疑，一切都可以否定？"他问。

"怀疑否定不是目的，重点是你要明白，一切都不是你自己，都只是唤醒你自己的一种媒介或者工具。"我纠正道。

"怎么唤醒？今天你把我唤醒了，明天我还得回到现实生活中去，怎么能保证我不再迷失？"

我笑了："没有人能保证，生活的魅力也就在这里。向左还是向右，你每分每秒都可以选择；是对还是错，你每时每刻都可以重新决定。

"重点是，只要你有一次看到了自己身上巨大的潜在能量，就会好奇，就会上瘾，就会不停地想要探索自己的内心，挖出来看看到底里面还有多少稀奇古怪的东西。

"然后你不断尝试，不断寻找参考和借鉴的东西，不停地问自己，哪些东西更符合自己的内心。不怕错，就怕不做，做了就一定会有收获。

"广义的读书，就是人在这个世界上接触各种信息，包括电影，包括音乐，包括游戏。打游戏并没有错，错的只是在游戏中忘记了自己。"

"这么说，我读什么不是最重要的，重要的是读的方法？"他问道。

"是的。用你的心去读这个世界，永远不要盲从盲信，要记住，再天花乱坠的道理，你都可以选择是否相信，是否怀疑。昨天相信的，今天也可以怀疑，今天怀疑的，明天也可以相信，只要你忠于自己的心。"

"操！"他骂了一句脏话，"你说得就像我们活得很自由一样，连皇帝也做不到你说的这样啊！"

"所以，如果你能做到，你就真的自由了！"我斩钉截铁。

你可以更彪悍地应对世界

让你终身受益的智慧：

最大的善就是发现真实的自己，那种快乐最持久，而且与日俱增。

用自己的内心去阅读这个世界，用自己的内心去衡量万物得失，你就是你自己的皇帝。

敬畏真我，方能不受辱、不招祸

人最看重的应该是自己，你有佛性，能修成佛，你活着不是为了被人利用。

今天的现代社会，大家都在被人利用。像重视佛一样看重自己，怎么可能？

现代社会背后有一条潜规则，人的价值取决于什么？取决于人的社会关系。你的社会关系从哪里来？从你自身的价值而来，如果你没用，谁会搭理你？

这就叫被人利用，你被人利用了，你就不自重。

某君，左右逢源，玩人于股掌之间。刚说过的话，三分钟后就可以不认账。

他吃透了社会的规矩，他玩的是什么？玩的是人心里的恐惧。

每个人都在害怕一些东西，从生下来就恐惧，一直恐惧到死。

小时候，怕自己得不到别人的认可，于是努力改变自己适应别人，改掉了自己的本性。

长大了，怕欲望得不到满足，于是拼命去抓去拿去要，不择手段，改掉了自己的良知。

老了，又怕出卖灵魂换来的一切突然失去，怕病怕老怕死，怕一生的苦心经营最后只是黄粱一梦。

他说，人的一生就是恐惧的一生，恐惧就是最大的生意。所有成功的商品开发都源于人类的恐惧，都是吓唬人的高手。化妆品卖的是对变老变丑的恐惧，奢侈品卖的是怕被别人小看的恐惧，信息产品卖的是对落后的恐惧，时尚产品卖的是对落伍的恐惧。

社会仿佛一台现代化的大机器，疯狂运转，轰隆作响，每个人都在它巨大的传送带上滴溜乱转，如痴如醉。

既然社会已经这样，我为什么不能这样？所以，他靠吓唬人赚了很多钱。

可是，他并不快乐。

他觉得很奇怪：我已经看透了，我就是靠吓唬人吃饭的，又有什么东西能把我吓唬住？到底是什么东西让我这么不爽？

我告诉他：吓唬住你，让你不爽的，只有一个东西，就是你自己。

你为什么积累这么多财富？你一定会说，是为了实现自己的价值。

好，你的价值在哪里？

你的价值和这些财富有没有一毛钱的关系？

说完这些，我就送客，希望他想明白了再来找我。

一个月以后，他又来了，只问我一个问题："我是谁？"

我说："你是佛心，你是佛性，你是千年修来的人身，才有机会接触佛法，你是万年造就的机缘，这辈子生下来就是为了得道。"

话音一落，他脸色大变，就像猛然挨了一记闷棍，一个字都说不出来。

此后作别，他杳无音信，整整过了三年，才给我发了一封e-mail：

> 谢谢师父，我终于找到了自己的路。以前我只知道欺负人，现在学会了帮助人。
>
> 这个世界一直都在利用人的弱点，把人往下拽。我开始尝试着借用人的优点，把人往上拉。
>
> 以前我卖的都是恐惧，同时我也善于制造恐惧，善于唤醒人们心里隐藏的恐惧。
>
> 现在我想帮人摆脱恐惧，帮人找回自己，找回自己的价值，找回自己的意义。
>
> 以前我只会利用女人满足自己的欲望，现在我想帮助女人成就她自己的美丽。
>
> 今天的世界充满了恐惧焦躁，人们的心里毛躁得不行，像长满了草。
>
> 其实每个人都不坏，他们只是没有发现自己有多好，没有发现自己心里那座金碧辉煌的宫殿，没有发现自己其实可以活得超越帝王。他们真不该这样侮辱自己。

谢谢师父给了我安宁的内心，我也想把这份安宁转赠给别人。

福祸无门，唯人自召。

很多人跟我说，灾祸降临是因为自己跟错了人，站错了队。

我一听就笑了。

　　"靠跟着别人挣钱的，永远会被人玩。被人玩的人，就得被人玩死，即使没有站错队也不会有什么好下场。因为像你一样去巴结奉承的人太多了，有好事也轮不到你。只有敢于翻脸，敢牵着别人鼻子走的人，才可能踩着人家脑袋往上爬。

　　"归根结底，上天给你自由的意志，不是为了让你跟在别人屁股后面走路。路，你得自己走下去，而且要让别人跟着你。

　　"表面上可以阿谀奉承，背后你一定要下真家伙，招招直取咽喉。这么跟你说吧，你想要更大的权力、更高的位子，谁在那个位子上，谁就在挡你的路，挡我者死。不是说你要把人家干掉，而是说你要学会笑里藏刀。

　　"男人不止一面，一面要忠心耿耿，一面要另谋出路。进，他离不开你，他好了你也跟着飞黄腾达；退，你一直在背后算计他，他倒了你是首功一件。做人做事，把握好了进退两条路，你就能左右逢源。

　　"信任？没有这回事。忠诚？没有这回事。没有对与错的问题，只有输与赢的问题，只有生与死的问题。"

以上这些，就是老张跟我讲的成功之道。他也确实玩得很好，虽然到处是陷阱、旋涡和礁石，他却一直水涨船高。

可是突然有一天，他倒了。

是因为忠心耿耿死心塌地的兄弟，在背后算计了他。

他苦心经营多年的一切瞬间轰然坍塌，最后仅以身免。

他来问我，我只说了四个字：作法自毙。

我拿起敲木鱼的棒槌，照着他的秃顶狠狠凿了一下。说实话，老早我就想来这么一下，一直没机会。

没想到，他居然没有发怒，仍然热切地看着我。

看样子不说出个一二三，他是不会白吃这个哑巴亏的。于是，我指着鼻子骂他：

"你是天下一等一的人才，你是可以参禅悟道的人，可是你都干了些什么？你看你，挨打丝毫不以为忤，反而给我跪下了，这是韩信的水平，这是张良的水平，这是国家的栋梁之才啊！可为什么你这个栋梁，竟然被几个蝼蚁给啃得房倒屋塌了呢？因为你所追求的一切，权力也好，金钱也好，都是浮云。

"记得你刚起步的时候，还是个平凡小人物，来这里抱着忐忑之心找我，我却盛情接待，为什么？因为你晃着我了，你身上有光。我早知道你能成事，当时跟你说你还不信。然后随着你一步步往上走，我眼睁睁地瞅着你身上的光芒越来越淡，最后彻底沦为追名逐利的势利小人。你要不倒，我都不想再理你。

"你以为你能玩人，你有心计，你知不知道你的能力应该干更大的事情？

"你以为你一直守规矩，按人家定的规则来玩，你不知道你应该改变这个规则吗？

"当初，你的梦想给了你力量，可你放弃了梦想，也就没有了力量，你换来的一切注定不会长久。

"你怕这个世界，你怕别人定的条条框框，你怎么就不怕自己的灵魂被别人染脏？

"你内心中那个真正的自我，就是保护你的金刚铁甲。你不知敬畏，就等于向这个世界弃甲投降！"

说到这儿，他一下瘫倒在地，过了许久，才努力撑了起来，艰难地说："梦还在。"

于是，我衷心地笑了。

爱自己，然后别人才会爱你

好女人老公出轨，想不开了。

她说把一切都给了人家，这日子没法过了。

"没法过就不过，又何必哭哭啼啼的？"我笑道。

她当然不肯撒手了——这种时候女人就没有能撒手的。撒不了手又受不了人家，搞得自己难受。

"事已至此，你想怎样？"我正色道。

"我想一切都回到原来的样子。"她哭喊。

"回肯定是回不去了，人生总得往前走嘛。"我安慰道。

"前面没有路了呀！"她哀叹。

"从一开始就没有路，你怎么早不知道？"我反问。

"师父您什么意思？"她有些恼我。

"这个世界不是你的家，你就不可能找到你要的那种幸福。"我一语道破。

"我有家呀，没这个事儿我还挺好的。"她不服。

"真的吗？"我笑着看她。

她有些脸红了："就算没那么好，至少还能凑合吧。"

"反正都是凑合，你就不会接着凑合吗？"

"我是实在凑合不了了，一想起这事儿心里就堵得不行，现在一看到他就烦，我就后悔我这十年的青春。"

"后悔看错人了吗？"

"是啊，这些年再苦我都过来了，就为了两个人一条心过日子。我这么多年就是靠他活着的，他有了外心我怎么活呀？"

"其实你选谁都是一样的。"我笑道。

"是吗？"她将信将疑。

"当然了，难道你不知道这个世上没男人配得上你吗？"

她一下愣住了："师父您把我看成什么人了？"

"你的事我还是知道一点儿的。"我故作神秘。

"您知道什么？"她好奇了。

"我知道从6岁开始，别人就不爱和你玩，你就抱着膝盖缩在黑暗的角落流眼泪。到了12岁，你一眼能看透别人的心思，一开口就把人揭穿，让人下不了台，别人都说你不会做人。18岁开始有人追你，可那些男孩都是被你的光芒晃了眼睛，没有一个能懂你的心。"

她身体猛然一震："师父您怎么知道？"

我笑了："我还知道你特别善良，不希望让别人不开心，所以藏起自己的光芒，努力做一个别人眼里的好女人。后来你有了朋友，也过上了正常的日子，你努力扮演别人，渐渐忘记了自己是谁。"

只见她半张着嘴，一句话也说不出来，用一种不相信的眼神瞪我。

我接着说："你们这种女人，天生心里就藏着一颗晶莹剔透的宝石，可是这个世界太丑陋，根本配不上你，所以你只能把它锁起来不让人看到，把所有优点都当成缺点，一点点改掉。是你亲手扼杀了自己，亲手毁掉了自己，然后你看看，你换来了什么？"

说到这里，她的眼泪唰一下就流下来了。只见她低头凝眉，表情纠结。

过了半晌，她才缓缓抬起头怯生生地看我："师父您说，难道我错了吗？"

我毫不客气："你当然错了。你都不爱你自己，别人还怎么爱你？"

这话又击中了她的要害。她艰难地张开嘴，一个字一个字地道："您让我怎么做？"

我笑了："我让你明白，优秀的女人比优秀的男人要优秀得多。男人再强也只有征服世界的能力，女人心里的好东西，要远在他们之上。你们这种女人，就是上天赐给这个世界的珍宝，你怎么可以不爱你自己？"

她一下又变成了那个怯生生的小女孩，小声回答："我害怕。"

"是怕别人不高兴吗？"

她默默点了下头。

"也有男人能看到你的好东西，崇拜你。可是你怕别人不高兴，看到他兴高采烈就让他闭嘴。你不光扼杀了自己，还扼杀了爱你的人，让身边的人都喘不上气。你就像个收破烂儿的，好坏都收，再好的东西到你手里都变成破烂儿了。"我的声音里有了怜悯，还有悲伤。

"可是我也努力对他好了。"她挣扎着小声辩解。

"他要的不是你对他怎么样，他是要你爱你自己！"我厉声呵斥。

这一下把她彻底打垮了，她带着哭腔问我："那师父您告诉我，我到底该怎么办呀？"

"做你自己就行，张牙舞爪，狰狞，都没关系。"我直接点破。

"那他要是不要我呢？"她还有顾虑。

"他已经不要你了，不然根本就出不了这种事情！"我断然说道。

"您是说，让我放他走吗？"她犹豫。

"我可没这么说。我是说你该明白，你要成长，无论他是走是留，你都要做回真正的自己。"

"可是我怕呀，一想这事儿我就难受。我要是不压着点儿火，真怕控制不住自己。"

"控制不住你能怎样？拿刀砍他吗？"

"我也不知道啊！"她痛苦地说。

"那你为什么难受？是因为他和别人上床吗？"

"是呀，感觉我这么多年对他的好全都白费了。"

"既然你说你对他好，我问你，他的价值在哪里？什么是他身上最美丽的东西？"我问道。

她一时语塞。

"你要是真对他好，就应该看到他的价值，鼓励他成为更好的自己。"我一语道破。

她想了半天，终于带着哭腔爆发出来："我不知道！我连我自己都弄不清楚，怎么管得了别人！"

原典精粹：

持己，当从无过中求有过，非独进德，亦且免患。待人，当于有过中求无过，非但存厚，亦且解怨。

翻译：

要求自己应该从没有过失的地方找过失，这不但能够增进德行，而且能够避免忧虑、忧患；对待别人就应该从别人的过失中找到没有过失的地方，这不但能够保存自己忠厚的印象，也能够解除怨恨。

"要是连他是谁都不知道，你怎么敢说你对他好？你怎么能知道什么是他最需要的那一种好？"我厉声问道。

只见她呜呜地哭了起来："我这辈子做什么都是错，怎么做都是错，我就好不了了啊！"

我就看着她哭，等她累了，才递过一张纸巾。

看她擦泪，脸上妆都花了，小花猫一样，我也不忍心，好言安慰道："其实他最大的价值就是看到了你身上的光芒，被你吸引，才会以身相许的。"

她一边抽泣，一边连连点头："是呀，他原来很爱我的。"

"他现在依然爱你，爱那个真正的你！"我笑道。

她这才恍然大悟，起身拜谢告辞。

一个月后，她老公专程过来谢我。

我好奇道："你老婆怎么没来？"

"她有点儿不好意思，死活不肯过来。"

"哦，你们怎么样了？"我问道。

"现在都好了，又回到蜜月一样了，还是多亏了师父。"他弯腰行礼。

"怎么回事呀？"我也好奇。

"那天她一回来，感觉就像变了个人。后来我们聊了一宿，她讲了您跟她说的话，边说边哭。她说她全错了，不该一直压抑自己，也压抑了我，说她对不起我。她问我有什么梦想，有什么愿望，这是结婚十年来，她第一次关心我的梦想。"

"那你怎么说呢？"

"我也很难受，我跟她说我的梦想就是看着你好啊，我一开始就知道你有翅膀，就想看着你把翅膀打开，带我一起飞到天涯海角。你去哪儿我都跟你，做什么我都跟你，只有在你身边我才能呼吸。然后我们计划着重新开始，重新度蜜月。我们约定了，相互之间一定坦诚到底，有什么想法一定第一时间让对方知道，所有的好事坏事我们都得一起面对。"

"后来呢？"

"后来我们出去旅游了，像新婚的小两口一样。我渐渐发现她真的变了，自信了，她开始关心身边的每一个人每一件事，自己很开心，也希望别人都好，总有些突然的奇思妙想。她像小姑娘一样善良，我看着都心疼，遇到事情又特别勇敢坚强，身上就像发着光一样。其实我早就希望她能这样，可是我无论如何都做不到，我本来都绝望了，没想到师父的一番话，就让她打开了身上的翅膀。我替她谢谢您！"说着他就跪了下来。

我连忙拦住："其实不该谢我，谢你自己才对。你要不整点事儿出来，我就算想帮她也没机会呀！"说得他涨红了脸。

让你终身受益的智慧:

你遇到问题就说明自己有错,找不到错在哪里就解不开这个结。

别人一样也会犯错,你要想让他真的明白,先得让他看到自己的优点,他本来可以做得更好的。

留给别人足够的空间

老王的孩子又撒谎又偷钱，还不好好学习，家长什么办法都用了，实在没招了才来找我。

我张嘴就问："你孩子有什么优点？"

他挠了挠头："品德不行，学习不行，唯一的优点就是聪明了。"

我笑了："聪明可不是优点啊，只能说明孩子接触的信息量大，这年头哪个孩子的信息量都比爹妈人多了。"

"是啊，破孩子说的那些东西我都没听过，他还说我像外星人。"他连连点头。

"其实哪个年代都一样。你小时候看的漫画，你父母也不明白；你父母小时候喊的口号，你爷爷奶奶听着也刺耳啊。"我笑道。

他连连点头："师父您还真是说得没错。每个年代都有每个年代的时髦，孩子永远都是跟得最紧的。"

"你真明白了吗？"

"我明白了呀。"他点头道。

"那你就应该知道，孩子身处的环境和你不一样，他的眼界、他的思维方式都和你不同，他有一个自己的世界，他是一个完全独立的人。"

"可是孩子还小，我们总得告诉他什么是对错吧？"他辩解道。

"孩子从来就不需要你告诉他什么。因为长期耳濡目染，你不用开口，他就能知道你对什么事情有什么态度。可是你的态度只是你的态度，对他仅仅是一个参考。他一定要自己尝试体验之后，才能找到他自己的态度。"

他有点儿不高兴了："您的意思是，连好坏对错的道理孩子都可以不听了吗？"

"你爹当年给你讲的道理，你又听进去了多少？"我反问道。

他还真的认真思考了起来："他当年跟我说过什么呀？我怎么全都想不起来了？我今天明白的一切，基本都是自己在现实中摸索出来的，还真的和他没什么关系啊。"

"你看你看，就是这样。你想把自己的人生经验一股脑儿传授给孩子，可他还是要走自己的路，要有自己的体验。你告诉他不能玩火他记不住，他自己被烫了之后才能记住。"

"可是这么说的话，他犯罪怎么办？他杀人怎么办？难道这些事情都要自己去体验吗？"他有点儿抬杠了。

"话可不是这么说啊。你说的是公共生活的基本准则，不用你教老师也会教的。再说孩子也会观察他的同龄人，什么样的做法会有什么样的结果，什么样的事情不可以做，他的同伴的影响要比你大得多。"

他想了想："也对啊，我小时候遇到问题，从来都是跟朋友商量，从来不去问父母的，觉得他们老古板。可要是照您这么说，我无论说什么孩子都会当成耳旁风，难道我对他就一点儿都影响不了了吗？难道我看他要摔跟头，想拉都拉不回来吗？"

我笑了："这个呀，你就想孩子学走路就行。他不摔永远学不会，你不能永远扶着他，你得让他摔倒了自己爬。在孩子探索这个世界的时候，需要的不是你不错眼珠地保护，而是你的鼓励和支持啊！"

"啊？难道明明看到他要往坑里跳，我还得鼓励他？"他迷惑了。

"你可以告诉他，你看到前面有个坑，摔下去会很疼，不信可以试试看。你得给他尝试的机会，得让他自己去选。"

"我给他机会？难道他偷东西我也给他机会？他要吸毒我也给他机会？"他急了。

"别急别急，我先问你，你小时候偷着抽烟的时候，问过你父母吗？这机会是他们给的吗？问题的关键不是你给不给孩子机会，而是你根本阻拦不了。他总要独自面对种种诱惑，总要独立做出选择。"

"可是很多家长都不给孩子机会呀，上学送放学接，调查他的每个朋友，把孩子看得死死的。"他不服，辩驳道。

"你小时候父母就没有看你吗？你有没有偷着看武侠小说？"我问道。

"是呀是呀，我们那个时候的招数才多呢，上课也看，套上书皮放抽屉里。那种刺激的感觉，到现在都怀念。"

"你看你看，他们越管你越上瘾，你的孩子也是一样啊。"我一语道破。

"那师父您说，我用什么办法才能让孩子听我的？"

"你就不该让孩子听你的，你得让他听自己的才对。"我笑道，"孩子总要自己面对各种事情做出决定，你不能替他选择，你只能尽量对他施加影响。"

"那我该怎么影响他呢？我可是什么方法都用了呀！"

"都不管用吗？"

"是呀，要是管用的话，我还用得着找您吗？"

"那也许，你到了应该放手的时候了。"

"啊？这么管都不好使，要是放手，那不就放羊了吗？"他忧心忡忡。

"现在你说什么都不听，这不也等于是放羊吗？"我反问。

"那可不一样。起码我是全力以赴，就算管不好也问心无愧了。"

"我看你是问心有愧。"我笑道，"从小你就不喜欢父母管你，曾经发誓说有了孩子绝不让他受同样的苦。可你看看你现在，不还是走回那条老路了吗？"

他无奈苦笑："不养儿不知父母恩，这都怪我当初年幼无知啊。"

"我看你是年长无知，越活越抽抽了！"我毫不客气，"你到现在还不明白爹妈跟孩子是什么关系吗？"

"您说是什么关系？"他有点儿蒙了。

"说穿了就是交易。孩子小的时候需要大人的地方多，所以就听话。等他翅膀硬了就要自己飞，大人再说什么都不好使了。"

"啊？这里就没有感情吗？"他不明白。

"感情也是交易。孩子怕你难受才好好学习，等到有一天他发现你总会愁眉苦脸，他再怎么努力都没用的时候，你看他还学吗？"

"可是我一直教育孩子要为自己学习呀。"他还在辩解。

"别强词夺理了，你想想自己吧，你是为谁学的。对孩子来说，长大成人找工作都遥不可及，能看得见的只有爹妈的脸色。"我一句话给他噎了回去，他半天说不出话来。

过了半晌，他才小声说："那您说，如果要和孩子做交易，我该怎么做才能让他好呀？"

"很简单，坐下来谈嘛，你有什么吸引他的条件，让他用努力来换。"

"那我还能有什么条件？管孩子不都是义务吗？难道是零花钱？"他问。

"你老土了！你以为孩子像你一样，眼睛里就看得见钱呀？"我嘲讽道。

他脸一下红了，还挣扎着强词夺理："现在孩子是祖宗，得求着他吃好的穿好的，无条件满足他一切愿望，不然他一耷拉脸，我们全家都难受，哪里还有什么资格跟他谈条件呀？"

我不为所动："哦，这不就是条件吗？你付出一切不就是要换他一个高兴吗？这不是交易是什么？"

"啊？合着我们大人当牛做马，就为了买孩子一个笑脸呀？"

"当然是这样，不然你以为是什么？你用你的愿意给，换他的愿意要，给的不对人家还不稀罕呢！"

他这回彻底傻掉："照您这么说，这关系太不对等了，小孩子轻而易举就能把一屋子大人耍得团团乱转，我们还能有什么办法让他学好呀？"

我笑了："这世上有那么多教育专家，这事不用非得找我吧？"

他急了："不行不行，他们说的办法我都试过，不管用啊。师父我就靠您了。"

我有点儿烦了，想把他赶紧打发走，于是直接亮出了底牌："办法其实很简单，就一句话，你跟孩子坐下来谈生意。"

"啊？就这么简单？这能行吗？"他将信将疑。

"肯定行。孩子最想要的其实只有一样东西，就是大人的尊重。有了尊重，一切都好谈。"说完我就送客，他走的时候还有些迟疑。

半个月后，他带着孩子一起过来谢我。

"记得我就跟你说了一句话，这有什么值得谢的？"

"就是这一句话解决了大问题！"

"哦？说来听听。"我饶有兴致地看着他。

"上次一回家，我就把您做生意的理论跟孩子说了，没想到孩子连连点头。他说我的爱和关心很多时候都给他造成了压力，他能给我笑脸就已经是很大的付出了，有时候为了哄我高兴，他还不得不撒谎，撒谎也是他对我的付出。"

"那你怎么说？"

"我一下就急了，非让他解释明白，撒谎怎么也成了对我付出了。他却说，他也知道撒谎不好，他也不想当个坏孩子，可是说真话大人不爱听。为了不让父母难过，为了孝顺，他才不得不牺牲自己的。"

"你听了作何感想啊？"

"孩子的话就像一记闷棍，一下把我打醒了。我开始反省自己，我对孩子所谓的关心和爱，里面有太多的强加于人，换谁都受不了的。我给孩子的爱并不是他需要的，是我一直逼孩子扮演一个我心目中的好孩子。然后我给孩子认错，没想到孩子反而安慰我了，他说他理解我的心，只是接受不了我的方式，希望以后我能多听听他的想法。"

"然后呢？"

他有点儿不好意思："让孩子说吧。"

孩子接道："后来我爸和我约法三章，和我有关的所有事都要和我商量，我们约好了互相坦诚。他有什么想法直接跟我说，我有什么想法也不能瞒着他。意见分歧的时候，他把道理说清楚了就行，最后的主意让我自己拿。原来我做什么事情都是应付父母，不是真心的，当然也做不好。现在无论学习计划还是作息时间，都是自己给自己做的决定，他没有给我一丁半点儿的压力，我做不好我都不好意思去面对他。"

"那你要是万一做不好呢？"

老王这时接过了话题："做不好我也不会像以前一样批评他了。孩子知道了不好意思，下次就会努力，就会越来越好的。原来我那么管都管不好，现在反而轻松多了，孩子知道自己管自己了，我只需要在旁边观察，发现他有需要帮忙的地方，默默帮上一把就足够了。"

"是呀是呀。"孩子接道，"原来我学习一点儿都不往心里去，现在肯用心了，慢慢也找到了窍门。我发现学习就像打游戏，不管用什么方法，找到那个正确的答案才是目的。现在上课的时候，老师讲一节课的内容，我五分钟就能看明白，剩下的时间就能写作业了，学校的作业从来不用拿回家里。"

"那你回家干什么呀？"我问。

老王接道："我跟孩子约好了，他自己管学习，我不干预。他现在课余生活可丰富了，看电视、打游戏，我们也有了更多的时间相处。有时候电视提到的哪个问题他感兴趣，我们就一起上网查资料，一起去研究，无形中多学了很多东西，知识面也宽了。"

"是呀是呀，"孩子抢过了话头，"原来我就爱打游戏，现在还爱看纪录片了，我们一起看，看完了还讨论，从具体细节到拍摄手法，才发现有那么多有意思的东西。回过头来再看课本，里面的知识真是贫乏得可怜，趣味性太差，明明讲个笑话就能说清楚的事情，非得板起脸来讲，搞得我有时候都想重新给编一套课本呢。"

"那你可以试试呀。"我鼓励道。

"我才没那个闲工夫呢。人类科学最前沿的知识我都学不过来，哪有时间搭理这些小儿科的东西？"孩子居然不屑一顾。

"那你现在还跟你爹做交易吗？"我又把话拉了回来。

"不用啊，我们现在像好朋友一样。后来我想明白了，您让我爸跟我谈生意，这只是一个手段，真正的目的是让他尊重我，给我更多的自由和空间。其实家庭关系特别简单，不去过多地打扰别人，就什么事都没有，师父您说对吧？"

"这孩子！"老王无奈地笑了，不好意思里还透着些许自豪。

让你终身受益的智慧：

用你的感情去干扰别人，反而会造成伤害。

留给别人足够的空间，才能真正留住你们的感情。

有技巧地帮助别人，给别人一个机会

某君热衷慈善，可是这两年做了很多事情，别人都不领情。

　　不仅外人说他沽名钓誉，就连被他帮助的人私下也对他颇有微词，似乎拿了他的钱也不痛快，总有些事情不那么顺心。

　　接二连三的非议和打击让他不堪其扰，于是，专程找我聊天散心。

　　听他不断发着牢骚，我只嘿嘿冷笑，终于逼得他拉下脸来：

　　"当初就是你让我做慈善的，说能名利双收，包赚不赔。如今兄弟遇到了难处，大哥你反而在一旁冷嘲热讽，这是什么意思？"

　　我两眼一翻："我是让你这么做的吗？记得当初我是怎么说的吗？"

　　"我当然忘不了了，你说我人品忠厚，有济世之心，不做慈善太可惜了。不要以为世道险恶，只要我点燃自己照亮别人，就能给这世界带来光明。我就是这么做的，这难道也有错吗？"他红脸争辩。

　　"你照亮谁了？"我问。

　　"是你教我的，在中国做事，要和政府搞好关系。"

　　"哦，照亮了那些官员的仕途。还有吗？"我继续问。

"你还说过，要出奇招就要想别人不敢想的，干别人不敢干的，才能得到媒体的注意。"

"哦，这就等于炒作自己的名声。还有吗？"我继续问。

"你还说过，不要吝惜小钱，多花点儿钱做出新闻效应，要远远好过广告公关。"

"那你这钱是花给谁了呢？"

"当然是花给我帮助的对象了。"

我笑了："我看未必。你的一分一厘，都花给了你自己。"

"明明钱从我的口袋拿出来，放到了别人手里，怎么能算花给自己？"

"你买到的名誉，都是无价的财富啊。政府给你多少项目，开了多少绿灯，你自己心里难道没数吗？"我板起了脸。

"可这都是你教我的啊，按你说的做，难道也有错吗？"他当然不服。

"当然有错，错不在你按别人说的做事，错在你没有按照自己的内心。你也是苦孩子，你也想帮助别人，你也想把自己从小渴望得到的温暖送给更多需要的人。问题是，你给别人的东西是不是他们需要的？如果把你放到他们的位置，你是什么感受？"

"我帮的都是走投无路的人，我给他们的都是救命稻草，不需要，他为什么会接受？"他继续争辩。

"都接受了吗？"

"是有不接受的，但是你不接受不代表我没有善心，毕竟还有那么多人接受了我的帮助。现在谁都不傻，给毒药他们会喝吗？拿我的钱还骂娘，那就是他们不对了。"

"甜蜜的毒药，"我笑了，"慢性中毒。"

他可一点儿都笑不起来："老师，你这么说可就太重了。我承认我有炒作，我承认我想出名，我承认我不单纯。可再怎么说也不能算毒药吧？你看新闻一天到晚全是坏事，我再怎么炒也是炒好事，也是鼓励更多的人去做好事，这不正是这个社会最需要的吗？这不也是你当初教我的吗？"

"你还真是个好学生！"

"那当然了，如果没有当年您的点拨，就不会有我的今天。"他对我的讽刺居然一点儿都没听出来。

"那你还有什么烦恼？"

"我烦恼的是现在越来越难炒作。当年很轻松就能感动一大片，今天好不容易找个题目，要么人家不领情，要么就有一堆一毛不拔的铁公鸡，天天等着看我的笑话，在背后叽叽喳喳说三道四。我烦恼的是今天越来越像个人秀，我想问你，怎么才能感动中国？"

"那我可帮不了你。"我笑眯眯地看着他。

"不对呀，您把我领到这条路上，怎么也得让我走到底吧，大哥？总不能爬到一半一松手，再让我掉下去吧？再说我所做的，不也是您的理想吗？"

"我的理想可不是让你这么炒作。"

"那是什么呀？你当初对我苦口婆心，又是为了什么？"他一脸疑惑。

"只为你有一点儿善心，有济世之愿吧，可是今天你全变了。"

"我没有啊，我一直在帮人，一直在做慈善。虽然能力有限，可是我一步也没停。"

"追名逐利倒是一步没停。"我苦笑，"你把你的善心当成工具，去追求别的东西，这是错的。你心里最想看到社会变好，人心变好，国家变好，可这么做是南辕北辙。"

"那你说我还能怎么干？"

"答案就在你的心里。"

说完，我甩手而去。

第二天，他向我辞行，居然上前给我鞠了一躬，说谢谢我的点化。

我就觉得奇怪："我跟你说什么了，你就这么谢我？"

"谢谢大师，我在心里找到答案了。"他再鞠躬。

我急忙拦住："说来听听。"

"一人独善是伪善，带着大家都做慈善，才是真善。"他一个字一个字说道。

他虔诚地看着我，急切地想知道我的态度，我却不露声色："如何做呢？"

"大家拿不出太多的钱来做慈善，但是都有一份善心，我该做的，不是帮助一两个人，而是培育、放大众人的善心；不是砸自己的钱，而是帮更多的人找到行善的路。

"中国做善事很难，很多民间机构都困难重重，但是我有影响力，我有政府资源，我可以试着推动这件事。

"如果我牵头，把民间做慈善的机构联合起来，用最大的诚意和政府沟通，寻求理解，接受监督，一点一滴去争取，是有希望改变现状的，以后大家都会过得更容易。

原典精粹：

茅鹿门云："人生在世多行救济事，则彼之感我，中怀倾倒，浸入肝脾。何幸而得人心如此哉？"

翻译：

茅鹿门说："人生活在世上，应该多做一点儿救人济世的事情，这样的话，被救济的人就会对我非常感激，感入肝脾。我们能够得到人家这样的感激之心，是多么的幸运啊！"

"至于我自己，该炒还是要炒，但是案例要好好设计。不应凸显自己有多了不起，而应以身作则，找到一条大家都可行的行善之路。

"我应该先研究帮助的对象，看他到底需要什么样的帮助。我应该用最恰当的方式，给他们必要的帮助，不多也不少，目的是让他们重新站起来。

"他们有自己的能力，有自己的力量，不需要低人一等，不需要对别人感恩戴德，只是需要理解的人给他们一个适当的机会。

"如果这条路走通了，我当然要大炒特炒。我要努力去理解别人，当然也希望更多行善的人能够理解别人，为别人着想，让别人好过，不要总是高高在上。

"以前我是错了，太过注重让自己出名。今天名也够了，利也够了，还是应该纯粹一点儿，追求自己的理想。

"谢谢老师，一夜之间，让我又变成了当年那个毛头小子，以为自己有改天换地的力量。"

于是，我大笑："你当然可以改天换地，当年我一眼就看出你有王者气象。"

让你终身受益的智慧：

帮助别人不在于钱多钱少，在于你的用心，能不能理解对方，能不能设身处地为对方着想。如果能做到，你就不仅仅是对一个人伸出了援手，你也是在传递行善的力量。

行善，可以让天国在人间再现，可以让人间变得像天国一样温暖。

各安其位，首要信任

一位主管教育的官员专程拜访，找我问计。

他说："教育怎么搞成了这样？我们培养出来的孩子，怎么会有那么多的不满和愤怒，在网络上肆意发泄？我们该怎么培养未来的栋梁？"

一时，我还真没想好该怎么说，说轻了不解决问题，说重了要牵扯各方利益，最后还是实现不了。还是先打打太极拳吧，于是故作深沉说了两个字："因果。"

"何谓因果？"

"你说呢？"我反问。

"我们也找人开过闭门小会，让大家知无不言，百无禁忌。对我们的批评主要集中在两点：一个是管得太多太死，束缚了底下的创造力；一个是过度市场化，败坏了教育领域的风气。"

"你怎么看？"

"我们也委屈，委屈大了。说我管得多，又不是从我开始管的，以前一直都是政府在管。后来接受你们的意见，试着放权，把一部分职能交给市场，结果又说我放错了。左右都不是，做什么都挨骂，我招谁惹谁了？"

"那你觉得他们是要什么呢？"

"我算看明白了，下面的意思是，要钱你得给钱，我干什么你别管。"

"听着倒像是惯坏的孩子跟父母耍赖？"

"可不是。原来政府对教育是有自己的理念的。自从改革开放，就不断有人呼吁原来那套跟不上形势的发展了，逼得我们节节败退。上面都说摸着石头过河，很多事情都不确定，我们搞教育的怎么能拿得出来确定的东西？到如今，虽然名义上还在接受我们的领导，下面哪个不是各行其是？"

"这么说底下挺自由的，为什么还嫌你管得多呢？"

"现在是阳奉阴违，终归是名不正言不顺，他们要挣脱最后的锁链。"

"何不干脆彻底放权？"

"那可不行啊。我们已经退到了悬崖边上，再往后就是万丈深渊。这是我们最后必须守住的底线，绝不能放任他们恣意妄为。"

"既然底线守住了，你不就可以高枕无忧了？"

"高枕无忧可差得远了。在校园里，在课堂上，我们有一套制度来监管，起码出不了大问题，可是今天信息太发达，网络上的信息我们就鞭长莫及。"

"网络信息这块儿，不是也有相关部门在管吗？你大可不必过虑。"

"可是消除隐患、防患于未然这些东西，他们根本就做不到啊。"

"那你能怎么办？"

"我还能怎么办？接受现实吧。努力在现实的校园里面安抚人心，却挡不住虚拟的网络上星火燎原。最后所有批评都指向我们，所有的脏水都泼到我们身上，我们还得咬牙苦苦支撑。"

"听起来好像有点儿绝望啊？"

"不绝望我找你干啥？事关国家民族的前途，求大师指点一条明路。"他再次低下了头。

我却笑道："这个不急，我先问你，年轻人的不满情绪来自哪里？"

"我们认真研究过这个课题。网上沸沸扬扬的各种事件，其实都属于借题发挥，借别人的遭遇发泄自己的情绪。他们真正想要的是什么？要钱，要机会，要成功。可是你也知道成功不易，这一代年轻人被宠坏了，吃不了那么大的苦，心理当然就不平衡了。"

"好像是狐狸吃不到葡萄，就要毁掉整个葡萄园？"

"现在还没有那么严重，不过早晚会发展到这一步吧。孩子们找不到自己的出路，又想不择手段出人头地，最后必然会把水搅浑，浑水摸鱼。"

"你是搞教育的，就不能帮他们找到一条成功的路？"

"我们一直都在做这件事。你看现在社会的各种培训多发达，可是不管走哪条路，你得付出啊。你看到别人表面的飞黄腾达，你知道人家背后承受了多少艰辛？确实，改革开放初期的机会要多一些，很多人是借着这个机遇起来的。可是社会必然往前发展，先走的人把好摘的果子都摘完了，后来的人只能付出更多，想办法去摘树梢上的果子。"

"很多人说只看见你们努力挣钱了。"

"你说的是教育产业化。我们也是一步步推行下来的，也是响应各方面的要求。可是任何药物都有副作用，解决了旧的问题，就会出现新的。今天既然走到了这一步，往回退已经不可能了。我也想纠正教育领域的不良风气，不然我为什么来找你？"

"其实也不用找我，国外都有成熟的经验，照搬就行。"

"那可不行啊。人家有整个的社会制度和社会环境作为依托，我们照搬的很多东西都会水土不服。要说教育的问题，说穿了是整个社会的高速发展后遗症在教育领域的缩影。校园不是与世隔绝的天堂，但是，如果能在校园找到治病的方法，应该可以向社会推广。"

"你真想治这个社会的病吗？"

"那当然了。大家都在一条船上，船翻了对谁有好处？再说教育的好坏决定着社会未来的安危，教育搞好了，百姓就会各安其位。"

"有道理，那你想从哪儿开始着手啊？怎么让人各安其位？"

"我们一直在反思这些年到底错在哪里。社会风气是追求财富，追求不受制约的权力，短时间就摧毁了人们的道德底线，连好坏对错的标准都被颠覆掉了。我想教育应该做的，是弘扬最基本的人性，唤醒每个人心里的普世价值吧。"

"没错啊，你不是挺明白的吗？"

"可是我不知道该怎么去做啊！原来的各种教育手段都面临着失灵，表面的数字指标都容易达到，人心的培育就太难。"

说到这里，我终于明白，原来他想培育人心。"你们做官不是都想追求政绩吗？不是都要看数字吗？人心的培育对你有什么好处？"

他苦笑了："政绩当然重要，但是良心也很重要，我想对得起那些把孩子托付给我们的父母啊。"

"那也简单，你自己的孩子是怎么管的？"

他再次苦笑："说来惭愧，我自己的孩子就没怎么管。这辈子一直都为别人的孩子操心，唯独就是忽略了自己的孩子。"

"哦，那我给你出个主意，回去开个家庭会议，让儿孙们帮你拿主意。"

"能行吗？"他将信将疑地看着我。

"不行再来找我。"我微笑送客。

大约过了一个礼拜，他带着全家老少，再次登门，说要当面谢我。

"无功不受禄，"我笑道，"你这样我可承受不起。"

"哪里哪里，多亏大师指点，让我茅塞顿开，水到渠成。"

"我指点什么了？我怎么不记得了？"

"你让我回去开家庭会议啊。我把问题摆在桌面上，让大家出主意，才发现原来每个人都有自己的一堆想法。虽然有的不一定可行，但是这种气氛太好了，一起讨论一起商量，我能实实在在感觉到事情在向着好的方向推进。

"受到这个启发，我特地点名，把教育领域爱发牢骚的老师们召集到一起，虚心求教，请大家帮我解决问题。结果发现，他们真的有很多真知灼见。

"对这些人，我本来一直是采取防范控制的态度来对待，就怕他们惹是生非。可是没想到，一请他们帮忙，他们真的是争先恐后啊。他们心里都有一份热忱，他们才是真正的栋梁，足以担当民族复兴的大任。说实话，我都有心让贤，觉得他们个个都比我能耐。

"我最大的收获，是明白了怎么让人各安其位。很简单，只要给人机会，允许人献计献策，他就会觉得自己得到了尊重，就会觉得我们是一家人。多简单的道理啊，可惜我们一直不懂。

"对百姓，我们希望他们为国尽忠，也得给他们尽忠的途径；对孩子，我们希望他们成为栋梁之材，就先得让他们承担栋梁的责任；在家里，父母都希望子女孝顺，你也得给子女孝顺的机会，让他帮你分担家庭的责任；在社会上，政府不计代价地维护稳定，其实又有谁不想稳定？就像孩子爱哭爱闹是为了引起大人的注意，每个发牢骚的人其实都是想让我们看到他的能力，想要得到我们的器重。"

听到这里，我忍不住拊掌大笑："你终于想通了。"

"哪里哪里，还是多亏大师指点迷津。"

让你终身受益的智慧:

教书育人,育人胜过教书。

想培育什么样的人,就要给他机会,去承担什么样的责任。

不要做棋子，要做下棋的那只手

某君家世显赫，立志从政，先下基层。上任前，特来找我长谈。

说起来，他也算是我的忘年交。此君佛缘不浅，十几岁就来找我请教佛理，颇有出世之心。

我们相谈甚欢，语藏机锋，半隐半明。

他最爱说世事如棋，我便鼓励他参透这盘棋的妙处，参透那只下棋的手。

年岁渐长，他也常常纵论天下时局，隐有诸葛未出茅庐之意。

我便一语点破："你能参透时势，但能否参透时机？"

"何谓时机？"

"知道大势所趋并不算本事，要紧的是看清楚时势转折发生在哪年哪月、几点几分。"

"我可没这本事。老师道行高深，弟子自愧不如。"

"你行的，因为你身负重任。"

半年后，他终于决定走向仕途，说是要向红尘中悟道，在人世更迭中参透盛衰之机。

临行他向我道别，说是此去风波险恶，世事无常，望我指点为人处世立身立言的根本。

我取来一张纸，画了一个圆。

他就盯着这个圆圈看了半宿。

次日，我问他有何感悟。

"第一层含义应该是处世。此去官场，不能得罪人。"

"怎么做呢？"

"官场的事分两种，分内和分外。分外的事不要管，别人做好做坏自有其结果。"

"你就不想为民请命？"

"不是不想，是不到时机。我的目的很明确，学习、理解人为什么会做坏人，为什么会做坏事。"

"难道你是想同流合污？"

"当然不是。正因为我想解决问题，所以才要走进去，切身体会问题到底出在哪里。我更关心的还是人心、人性。"

"有志气，不过，这些想法，你放在自己心里就好了，千万不可向人提起。"

"那是当然。"

"我再问你，分外的事你是不管了，分内的事情你要怎么办？尤其要得罪人的时候，你该怎么办？"

"我会按老师教的，努力把事情做圆，不到万不得已，我不想损害别人的利益。"

"你还是太单纯了。如果人家就是拒不低头，死不悔改，你又能怎么办？"

"这事我也想过。记得老师跟我讲过武王伐纣，左等三年，右等三年，就是觉得时机不成熟。我遇到解不开的矛盾，也会尽量做到仁至义尽。"

"怎么做？明明是人家做错，难道你还要向人家低头？"

"谁都会有做错的时候，为什么就不能低头？想动一个人的时候，我第一件该做的事情，就是去向他的老上级、老首长请教，事情已经逼到了这一步，请问我该怎么解决问题？"

"听起来像是官官相护啊？"

"不是的。我的姿态虽然很低，立场和原则却非常清晰。今天我不处理他，明天就会有人拿他的事处理我。事情犯到我的手里，我也只能请那些老领导多做做工作，劝他有一个积极的态度，尽量减轻对他的处罚吧。"

"做好事还这么低三下四，当年包公可不是这么干的吧？"

"包公那套在今天根本行不通。很多事情不是一把铡刀就能解决问题。"

"怎么讲？"

"得罪人多了，路就走不远，你再有本事，也成不了大器。"

我微笑点头："不错。有了处世这层功夫，应该可以保你不会才高招忌，此去仕途当可一路青云。问题是你步步升迁，对国家又有什么好处？你的报国之志该如何实现？"

他却突然变得谦虚了："我是要寻找答案，但是现在还差得很远，只有一点儿粗浅的想法。"

"不妨说来听听。"

"这应该就是圆的第二层含义，把事情做圆满。

"以前我想得很简单，横刀立马，做时代风云人物，领风气之先，现在明白那全是错的。

"国家是一个复杂的系统，是多种力量的平衡。一切都在运转、咬合，此消彼长，里面充满了玄机。

"哪个人不想名垂千古？单凭一己之力，异军突起，往往是起来之后才发现碰到了那么多以前从没想过的问题。然后左支右绌，疲于应对，最后焦头烂额，归于沉寂。

"别人都崇拜英雄，我却更看重英雄的末路，看他们的梦想到底实现了几分。

"然后我想，真正的大变革，有没有可能水到渠成，润物细无声？

"我想，冥冥中似有天意，各种力量运转累积，到了一定程度，自然会改变力量对比的关系，改变时代的格局。

"与其做那个出了头的英雄，我不如先去培育那些推动变革的力量。好比一锅水，只要烧火它就一定能开，我应该在背后默默添柴。与其执着它什么时候达到沸点，不如先学会控制火候的功夫，这才是问题的关键。

"水可以开，也可以不开。我只需要顺势而为，静观其变，各种资源都会自动向我的手里聚集。"

听到这里，我不禁挑起大拇指："有出息！也算我这么多年没有白白栽培你！"

他却更加谦虚："其实，我的心里也充满恐惧，我这等于是玩火，搞不好会毁了自己。"

"那你为什么还要承担这么大的风险？"

他肃然道："我不入地狱，谁入地狱？"

我特地给他倒了碗茶，双手奉上，等他喝完才再次发问："有牺牲的精神很好，但是光靠牺牲也成不了大事，你凭什么可以让自己一直走下去？"

他沉默半晌，眉头紧锁，缓缓道："这就是圆的第三重含义，把握兴衰动变的时机。"

"怎么把握？"

"我一直想要洞察天意，把人间世事当作一盘棋，努力去领悟那只下棋的手。然后发现个人实在渺小，无论你想怎样，其实都没有意义，都左右不了大局。所谓天意，应该就是利用人间的种种偶然，每个人的种种欲望，把事情一步步推向那个注定不可更改的结局。

"这里面也有脉络，也有规律，也有玄机。为了领会那冥冥中的更高的意图，我必须首先放弃自己。放弃我想什么、我要什么，放弃我的愿望、我的情绪，然后才能慢慢对那不可更改的最高意志有所领会。

"我不知道我领会的是对是错，没人能告诉我。我只能一步步摸索，一点点尝试，每走一步都要问自己，这么做是否符合天意？现在做是否是最恰当的时机？时刻要保持审慎的态度，时刻要保持敬畏之心。

"拿下棋来打比方，我只是其中一颗棋子，我看不到别的棋子，那怎么办？那就得学习。我尝试去做各种事情，不是为了要达到什么样的结果，而是为了看到别人的反应。我要了解更多的棋子，了解他们的行事规则，了解他们背后的道理，了解他们到底遵循着什么样的规律。

"等到满盘棋子都装进了我的心中，我就可以推演出整个棋局的兴衰胜负，我就不再是那个任人摆布、随时可以放弃的棋子，我就与那下棋的手合而为一了。"

听到这里，我不禁接道："到那时，就没人能动得了你，要动你就等于要毁掉整个棋局。"

他的脸红了起来："我只是这么一说，能走到哪步还不知道呢。"

"你一定行，把这个圆圈送给你，挂在墙上，你一定不要忘了今日所言。"我笑道。

让你终身受益的智慧：

人间本没有矛盾，看不到事物背后的规律，肆意强为，才会引起矛盾。

智者会像小学生一样，努力理解一切，包容一切，先放弃自己的愤怒不满、种种情绪，然后才能看到事物兴衰转变之机。这样才能在最恰当的时候做出最恰当的事情，才能真正心想事成，随心所欲。

摆正位置，方可诸事顺遂

季老是某个大家族的族长。这个家族有通天的本事，儿孙个个都是精英，政商通吃，而且开枝散叶，分支下属遍及五湖四海。而这一切，靠的全是季老在幕后把舵护航。

他跟我也是老朋友了，每有疑难困惑，总要找我参详参详。这些年来，我也看着他的家族一步步崛起，常常领风气之先，开时代先河。

说起他们家族今天的成就，那可真是得来不易。无论政商，都要抢占一个先机。而且季老有一点把握得特别好：我不是为了自己得到多少权力，得到多少利益，我是为了蹚出一条路来，给大家做一个示范，带着大家跟我一同崛起。

季老常说，天下一家。他也真能把天下人都当作自己的家人看待。正所谓得道多助，这些年他们也走得顺风顺水，事半功倍。

到如今，他们家族已走到了辉煌的顶点，旁人对他们都是交口称赞，他自己却专门来找我，一见面就唉声叹气。

于是我问："您可有什么烦恼？"

他抬头瞅了我一眼："师父你看呢？"

他这是想考考我。我就算知道，也不能这么快就露出底牌，于是，决定先兜兜圈子："莫非是您年事渐长，精神体力大不如前？"

"那倒不是。我虽老迈，倒还没有老糊涂呢，今天这山也是自己爬上来的。"

"莫非经济形势不好，您为此烦心？"

"经济虽然不好，早在我意料之中，早就有应对之策。很多事情也只有到了这个契机，才能往前推进。如今孩子们都在依计行事，应该可以打造出更合理的经济格局。"

"莫非政坛风云莫测，您为此烦恼？"

"不管他风吹浪打，我胜似闲庭信步。师父早就教给我盛衰转变之机，不管人事如何更替，其实大方向从来没有变过，我在五年前就为今天布好了局。"

"莫非是孩子们不太争气？"

"那倒不会，我的孩子们都经过你亲口点拨。他们要是不争气，也对不起师父你啊。"

居然还给我戴上了高帽，我又不吃这个，决定装傻到底："那我就不懂了，既然诸事顺遂，您还有何烦恼可言？"

他只得实话实说："师父啊，活到我这一步，权也够了，钱也够了，只是担心一件事情，时日无多了，如何完成我的历史使命啊！"

"哦，您不是一直在做吗？"

"不够啊。修身齐家的功夫还过得去，论起治国平天下来，还差得远啊。"

"您怎么知道那就是您的使命？地球没了谁都照样转，您又到底想要得到什么？"

"我该得到的已经远远超过了，所以我就想啊，为什么给我这么多的财富？为什么给我这么大的影响力？为什么让我们家族扮演这么一个不可或缺的角色？你总说冥冥之中自有天意，我却总觉得天意对我的要求不止如此啊。"

"那您觉得还有什么要求？"

"不在其位，不谋其政。把我推到这个位置，一定是让我承担更大的责任啊。"

"那还不好吗？别人想求也求不到这个。既然上天选择了你，按自己的想法去做就是了。"

"我也一直在做，但是心里一直有种恐惧。"

"您还能怕什么？还有谁动得了您？"

"我不怕别人怎样，只怕自己愚笨，领悟不透时势风云背后的玄机。"

"哦，这个事我也跟您讲过，人的使命各不相同。"

"但是我不想，"他争辩道，"我亲眼看着中国这几十年的发展，不断有各种力量各种变数参与进来，结果谁都无法预期。我一直是小心翼翼，如履薄冰，一有新鲜事物，就让我的孩子们参与进去，千方百计得到第一手核心的信息。记得师父说过顺势而为，我也只是努力参悟新的时势，努力去适应那历史发展的必然规律。"

"这不是挺好的吗？"

"我也曾经觉得是挺好的，可是如今形势变了。今天，很多我帮过的人后来都起来了，纷纷找我问计。原来我没有能力，只能顺应时势，如今可不一样，换你，你能不恐惧？"

"哦，原来是这么回事儿啊，"我笑道。

"对呀！如果只是一个人听我的，他走错了，我帮帮他，弥补过来也就行了。可如今是一批人来找我拿主意，他们还都身负重任。这我要是看不明白，指错了路，很多人都得走弯路啊。"

"所以，您就找我来了？"我问道。

"那我还有什么办法？这些年，还不都是靠着师父你在背后指点迷津？"

他又给我戴上了高帽子，这明显是要转嫁压力嘛，你受不了的责任，难道我就愿意受吗？于是，我顾左右而言他："饭好了，咱们吃饭吧。"

这饭吃得——他一直用那种眼神看我，既像是等我开示，又像是要从我这儿悟点儿什么玄机，真搞得我是食不知味。

饭后，我赶紧找来笔墨，给他写了四个字——"修齐治平"，随即找人安排他老人家下榻。

次日清早，我正打坐，他又来了："治国如修身，谢谢师父点拨。"

"那讲一讲您想怎样修身吧？"我也好奇。

"修身先要独处。修我之身，我在哪里？不孤独时你看不到。要经常孤独，习惯孤独，怕的是一入红尘就迷失本性，所以，只能在独坐静养之中修心养性。"

"有道理。然后呢？"

"修身的功夫，要留意自己的起心动念。行善作恶都从一念开始，看起来小小的一个念头，往往能决定以后的风风雨雨。拿治病来打比方，遇到问题解决问题，那只是治疗已经发

原典精粹：

凛闲居，以体独。卜动念，以知几。谨威仪，以定命。敦大伦，以凝道。备百行，以考德。迁善改过，以作圣。

翻译：

谨慎地对待一个人时的空闲生活，从而体会孤独时的感受；体察自己心中升起的念头，从而觉察出微妙的变化；注重自己的外表威仪，从而稳定自己的使命；注重基本的伦理道德，从而巩固道德修养；具备多种品行，从而考核自己的德行；多做善行，多向好的看齐，改正自己的过错，从而使自己努力达到圣人的境界。

作的病症，还不算高手。只有在起心动念的时候就有觉察，就有戒惧，就能主动修正自己，那才是从根本上解决问题，才是在得病之前把病治好，才是真正的高手。"

"在国家得病之前，您怎么治？"

"一样的道理。在各种趋势刚刚萌芽的时候，就深入了解它，试图看清它的目的和方向，它要如何发展，它追求的到底是什么结果。新事物都有两面，一面是把我们搞得手忙脚乱，一面是帮我们变得越来越好。我们不要以为它会给我们添麻烦，我们要期待它帮我们更上一层楼，然后主动迎接拥抱它，主动调整自己，主动和它沟通，向它学习。这就是师父你曾跟我讲过的，拥抱是一种最好的驾驭，也是防患于未然的最高境界。"

"这些年，您就是这么做的吧？"我把球踢给他。

"不敢不敢，也都是在你的指点之下。"他又把球踢了回来。

"修身还要有什么功夫？"我赶紧转移了话题。

"知道了自己是谁，看清了事物发展变化的机关诀窍，就应该走向自己的使命了。要有责任，有担当，堂堂正正，我就是要做这件事，不管别人怎么看，按自己心里的想法，认准的路就一直走下去。堂堂正正的人，不应该献媚讨好别人，而应该亮出自己的底牌。所以，仪态要大方，态度要明确，时时刻刻向周围传达自己的信息，千万不要像做贼一样心虚。"

"那么，在治国方面，该传达什么信息？"

"我希望国泰民安，这才是这条船上全体成员的共同利益。说起来，这也是老师你的教诲，当年，你曾苦口婆心给我讲过这个道理，让我明白，所有的人都是利益共同体。你说过，有些人做了错事，那是被眼前的利益蒙住了眼睛，反而忽视了自己的根本利益。我只需要拨开他眼前的迷雾，帮助他更爱自己。"

完了，又把高帽子扣到我头上了，我赶紧转移话题："对自己要坦诚，对他人又该怎样？"

"这就是基本的人伦天性，老祖宗都已经说得非常明白。我和每一个人都有着血肉相连的血脉亲情，人活着，不能孤零零地爱自己，因为我们大家都是一个整体。一个人做了坏事，做了假冒产品，做了瘦肉精，大家都要遭难，所以真正爱自己的人，必须爱我们这个整体。"

"国家又该怎么样去爱每一个人呢？"

"善待，尊重，宽容，感激。我也一直努力向政府传达这样的信息。是家里人，就该像家里人一样，商量着解决问题。"

"做事又该用什么样的心态？"

"不要一味追求成功、追求名利，最应该积累的不是财富，而是自己的德行。人应该经常反问自己，我的所作所为体现出了怎样的德行。治国也是一样的道理，不能一味追求政绩，比积累财富更重要的，是要感化人心。"

"这样就可以不犯错了吗？"

"不能，但是起码可以得到大家的尊重和理解。重要的是先化解态度上的抵触情绪，然后事情做错了可以改，可以集思广益。只要大家都往好的方向努力，就可以形成强大的合力，就可以突破前进路上的一切障碍和问题。"

"不错不错，您已经考虑得很透彻了，我也没有什么可以帮您的。"我顺势脱身。

"别呀，这些只是基本的东西，我来找师父请教的，是如何实现天意。"他抓住了我的袖子。

"只要把基本的东西做好，就能实现天意。"我拂袖而去。

让你终身受益的智慧：

修身的种种功夫，说到底，堂堂正正。

把自己摆正了位置，自己就舒服。把国家摆正了位置，就国泰民安。

参透运势，领悟时机，便是领悟了命运

某经济学家，经朋友介绍，特来向我讨教。

这个人我略有了解，精通西方金融领域的潜规则，多年来一直在民间大声疾呼，针砭时弊，揭露种种光鲜外表背后包藏的祸心。

他是有抱负的，只可惜报国无门。他的种种进言历来不被重视，事后却常常证明他有先见之明。因而，他愈加不忿，言辞愈加激烈，直到最后，某次演讲录音在网络上被全面删除，但私下却开始四处流传。

那既是他影响力的巅峰，同时也是终点。从那以后，他就沉寂了，虽然一直还在坚持发表自己的见解，但媒体对他的态度却有了鲜明的转变。

说实话，我也一直为他惋惜，只是没有什么机会接触。既然这次他找上门来，能有助于他，也是我的愿望。

没想到，他一见我就大发牢骚，说自己如何怀才不遇，多年来苦苦支撑，到如今已经彻底绝望，不抱任何幻想。

"那你为何找我？"我问道。

"是朋友非让我来，我也不好驳人家的面子。"

"既然如此，已经见到我了，你跟朋友也有了交代，不如请回吧。"说完，我便起身离开。

后来，听在场的学生告诉我，他当时就僵在那里，脸憋得通红，停了半晌，终于气鼓鼓地走了出去。

我让人准备好一桌斋饭，摆好碗筷，说要等他回来用餐。旁边的学生都用异样的眼神看我，言外之意，你都把人家撵走了，他还会回来吗？

果不其然，半小时后，他又回来了，还看得出来是强压着怒气。

我只屏退左右，请他坐下用餐。

他狐疑地看着我："你怎么知道我会回来？"

"因为以你的脾气，受这么大的羞辱一定不会甘心，一定会打电话骂你的朋友。他们跟我打过交道，就会跟你说这是佛家点化世人的禅机，一定是有东西要教给你。你一定不会服气，一定要回来称称我的斤两，顺便报我这一箭之仇。你说是不是？"

我说完，他就愣住，停了半晌眼珠才转过来，一句话也说不出，只是深深地瞪我一眼，似乎想要把我看穿。

用罢餐饭，摆上了茶水，他就一直那么瞪着我，一言不发。

我也笑吟吟地看着他。

终于，还是他沉不住气："我去演讲，一节课都多少钱，人家还要包来回机票。这次我推掉所有事情，专门来找你，足以看出我的诚意。"

"我也请你吃饭了，我也花了时间陪你，何以见得我就没有诚意？"我笑道。

"既然这样，还请大师指点迷津。"他沉声道。

"不要急。"我答道。我们又恢复了四目相视，一言不发。

大约过了半个小时，我说："现在也消化得差不多了，请先睡个午觉，醒了咱们再聊。"

说完，我又扬长而去。

其实，从他的眼里，我看出了所有的痛苦、委屈，我只是让他冷静冷静，平复一下情绪。

下午，直切正题，我直接问："你希望我怎么帮你？"

"我也不知道啊。经济领域是我的专长，都有数学模型可以推演，我已经看到一些国家经济的严重危机。我也用尽了一切办法向上反映，可是都没人理会，你又能帮我什么？"

"你怎么知道没人理会？"

"如果有人在乎，为什么会没人找我？"

"因为你该说的话都说尽了，为什么还要找你？"

"师父，你这话是负责任的吗？上面真的有人在乎我的言论？"

"那是当然，我为什么要骗你？"

"可是我还有一些解决的办法没有说，一直等着向他们面授机宜。"

"第一，你没有说的东西，不一定他们就不知道。第二，你对问题分析得十分中肯，但是解决方案他们未必能看得上，因为你在方向上出了一点儿问题。"

"怎么讲？"

"藏富于民是你说的吗？政府放松权力是你说的吗？"

"是啊，西方国家都是靠这个才能解决问题。"

"中国的发展路径和人家不一样，解决问题的方法也和人家不同。"

"那我就不知道了，他们还想怎么解决问题？"

"这个待会儿再说。我先问你，照现在的趋势发展下去，会是什么结果？"

他肃然道："我多次演讲中都一再说过，经济会出大问题，社会会出大问题，到最后政府也会出大问题。"

"你很怕吗？"

"我当然怕，搞不好就崩溃了，国家民族会陷入浩劫。"

"那我问你，如果到了那一步，你还有没有办法解决问题？"

"崩溃了还有什么办法解决？其实早几年还有机会。走到今天，按照我的数据模型分析，政府调控，往左往右都是错，所有政策全部失灵，已经是解决不了了。"

"你说的就一定是对的吗？"

"我是专业干这个的，说话当然能负责任。如果错了，我把脑袋给你拧下来。"他争辩道。

我连忙拦住："别冲动，这里没人跟你打赌。你看到了这个结果，你也公开说出来了，你觉得上面的人就看不到吗？"

"看到了为什么不找我？"

"因为你说你没有办法了呀，找你还有什么用？"我笑吟吟地看着他。

他的脸又涨红了，憋了半天，才挤出一句："那他们到底想怎么办？"

"莫急莫急，我先问你，经济危机、经济崩溃在很多国家都出现过,人家都是怎么过来的?"

"都没有办法,只能重新开始,背着沉重的负担,还历史的债,老百姓的苦日子就来了。"

"哦,原来这种苦别人也能受,为什么我们就不可以?"

他急了:"您这么说就是抬杠了。我们明明可以走一条近路,为什么非得绕远?明明可以少交一些学费,为什么非得花钱买教训?"

"真的可以吗?可以的话,为什么你没有走通?"我反问。

"您的意思是……"他若有所思。

"我的意思是你早该明白,你指的路是走不通的,因为你是要从别人碗里抢肉啊。矛盾不积累到一定程度,无法触动原有的利益格局,更深入的改革就无法往前推进。"

他恍然大悟:"原来是这样,怪不得。这一下就把我的观察分析全都串起来了。"

"是呀,你一直执着用你的方法解决问题,对别的方法就视而不见了。"

"可是只有我的方法,才是代价最小的。"他依然不太服气。

"你只是人为地设计路径,却并没有符合天意。"

"什么是天意?"他有点儿晕。

"你深入观察经济,可以找到经济规律;深入观察天地万物,可以找到事物规律;深入观察这个国家,就可以找到天意。时间不早了,你先休息吧。"说完,我便起身离开。

他可休息不了,整个晚上都在看星星。

第二天,我来找他的时候,他还在窗边呆坐着望天,整个人都像傻了一样。

我把手在他眼前晃了晃："醒醒！"他这才回过神来。

"想得怎么样了？"我问。

"不懂啊！"他叹了口气，"研究单一的经济领域，我还算学有所长。要是把天地万物都纳进来，变量就太多了，充满了变数和不确定，结果是什么，我怎么也看不清。"

"知道啦？"

他沉重地点了点头。

"那你就别一瓶子不满，半瓶子晃荡。"

"谢谢老师教训。"他倒也谦虚了起来，"今天才明白，我原来都是强为，按人为设定的目标去努力，终究没有结果，只落得自己气愤难平。"

看他这么难受我也不忍心，于是安慰道："也不是没有结果，我们私下聊天的时候，还都很看重你。"

"真的？"他将信将疑。

"我怎么会骗你？上面的人对你很佩服、很尊敬，口口声声把你当成老师呢。"

"岂敢，我有何德何能？"他还谦虚到底了。

"不用过谦，他们说你是一等一的人才，将来国家要想走上正轨，还非用你不可。只是……"我故意停住。

"只是什么？"他眼里又燃起了希望。

"只是你还差点儿火候，与其到处招摇，还不如多学点儿东西。"

"学什么？"他眼中充满了期待。

"观天地生物气象，学圣贤克己功夫。"我一个字一个字说道。

他似有所悟。

"观察天地万物，了解事物运行的机关诀窍，真正的大变化往往水到渠成，没有太多的人力痕迹在其中。先要参透一个势，了解眼前的趋势何在，不要逆着来。再要领悟一个机，看准了事物转折变化的时机，提早做好准备。不要老争执那些没用的东西，有更大的责任等着你呢。"

"还争什么啊？"他叹了口气。

"我还真不太放心，就你那脾气。"我笑道。

"以前我争强好胜，是因为心有所愿。如今终于明白山外有山，我实在才疏学浅，还怎好意思去和世人争辩？"他垂下了头。

"是呀，只要看清楚自己吃几碗干饭，都不需要去人为克制自己。"我叹道。

让你终身受益的智慧：

真正的克制不是学来的，是悟到的。

领悟到了天地人间这盘大棋，领悟到了自己的命运，就不需要人为地克制自己。

第二篇

生命是一种境界

不炫耀，就不会暴露自身致命弱点

某房产公司老总过来找我闲谈。

说起来他也算个风云人物，这些年赚得盆满钵满，可是每次出去演讲，下面都会有人喝倒彩，也难得他脸上挂得住。

这两年，政府开始调控房地产，生意难做，他自然心情不爽。前两天，他居然发表言论，说这些年政府的房产调控全是错的。

我实在看不下去，便约他过来喝茶。

见面寒暄了两句，我便问他近来过得可好。

他叹了口气："生意不好做，我怎么好得起来？"

我给他敬了杯茶："这个倒不足为虑。你的行业是国民经济的支柱产业，你又是行业里屈指可数的几艘大船之一，再怎么说政府也不会让你垮掉。"

"话虽如此，我还是为这个行业觉得委屈。"

"所以你就接连放炮？批评这个抨击那个，对你又有什么好处？"

"师父，话可不能这么说。理是越辩越明，公众对我们这个行业的误解很深，成见很大，总得有人出面说句公道话吧？既然把我放到这个位置，我不说又等谁说呢？"

"虽万千人吾往矣，还有点儿英雄气概呢。"我语带讽
刺，可惜他没听出来。

"不敢，不敢。我只是觉得事物有不同的角度去认识，
从我的角度看就是这样，我只是实话实说。可能在措辞方面有
点儿故意要吸引别人眼球，但内容都是掏心掏肺的，我相信大
家应该知道我们的想法。"

"一次两次可以说别人不理解，可这么多年过来了，为什
么大家还是都不理解你？你说了半天又起到了什么作用？"

"这问题我也想过。老百姓真正不满意的，是社会的分
配制度，是贫富分化。他们再怎么骂我们，也只是拿我们当替
罪羊罢了。"

"既然都明白了，你还有什么可委屈的？"

"我委屈，是因为我把道理都说清楚了，可很多人就是
不想明白，揣着明白装糊涂。他们明明知道我们这个行业是
被更大的力量推到了今天这个位置，明明知道我们只是替罪
羊，可就是要拿我们出气，就是不想讲理。"

"哦，原来这么多年，你只是想把自己身上的黑锅给卸
下来呀。"

"可是却越描越黑。"他叹道。

"所以，你就不管不顾，就批评政府？你以为你是在为
民请命吗？还说政府的调控全是错的，就你对呀？你把自己放

到了什么位置？"我也不客气。

这话一出，他一下惊出了一身冷汗："我真不是这个意思。"

"可是听起来就是这个意思，你就是在挑战政府的威信。"我开始给他扣帽子。

他一下就锁紧了眉，哀声道："师父，我错了，您一定要帮我。"

我叹了口气："其实上面的心胸气量，比你要大多了。只是你自己得知好歹。大家都在一条船上，这些年走得并不容易。你要是一再拖后腿，到最后谁也帮不了你。"这叫恩威并施。

"您看我这个脾气，有时候还真管不住自己。"他也很委屈。

"管不住可以少说。少说点儿你的好处，别人也能看见，还觉得你谦虚。少说点儿别人的不好，大家也都知道怎么回事，还说你顾全大局。"

"您的意思是？"他若有所思。

"我的意思是，你要把自己摆对了位置。有中国的发展才有你的今天，起码你要维护国家利益。老百姓用自己的劳动创造了国家的繁荣，他们是最大的功臣，提点儿合理的要求并不过分。上面都一再强调要维护稳定，你总不能老在背后挖墙脚吧。"我出手又扣一个帽子。

"您是说，我要调整自己的立场？"他若有所悟。

"对啊。好歹你也算个公众人物，说话之前总得先过过脑子。你对上面有没有维护的心？你对下面有没有爱护的心？一句话有不同的说法，你心态好了，别人听着也会舒服。不要老是想激化矛盾。"又一顶帽子扣出去了。不是我想吓唬他，他这人比较笨，不夹住尾巴不知道疼。

"多谢老师教诲。"他说道。

我却意犹未尽，你好不容易低下头了，我总得再踩一脚："别以为你背后有人，你真出了事，谁也不会保你。他们自己不敢说的话，让你去说，装枪你就放，你傻呀？"

这话如同一记闷棍，打得可不轻。只见他脸色煞白，跟跟跄跄走了出去。

让你终身受益的智慧：

少一点儿炫耀自己，因为炫耀会暴露你致命的弱点。

少一点儿批评别人，批评说明你对别人缺乏理解，反而显露你的无知。

生命是一种境界，做事之前先要打动人心

书生又来找我论道。

他可不是等闲之辈。二十年前，某天我心情不好，正对着前来拜佛的香客大发牢骚，批驳世道人心，人群中突然站出一个十三四岁的小孩，大声说人情世故从古到今历来如此，何必要和世俗一争短长。这孩子一下就打着我的七寸，打得我哑口无言，这是我和书生的初次相识。

从那以后，我们就结了缘，每隔几年总要见上一面，我几乎是看着他一步步走到了今天。

这孩子身上有自己的风格，但是和这个世界不太合拍，从小他就跟我说，他的家不在人间。

高中的时候，他的痛苦也到了顶点，他说自己是17岁的先知，绝不可能活到30岁。

后来真有几年不见，向他家人打听才知道，原来是犯事儿坐监。我都没想到，这样的人会去那种地方。他曾引用过一句外国人的名言，说世人只有两种生活值得经历，律师或者海盗，没想到他是玩儿真的。

再见已是六年以后。他说他在里面跟人聊天，明白了自己的志向，要在一个大庄园里遥控这个世界，那年他只有22

岁。他说这个宇宙就像一面破碎的镜子，他要用自己的青春热血和生命去弥补碎片之间的缝隙，努力让破镜重圆。我问他，你理想远大，如何实现？他说他要徒步旅行。

其实，我知道很多孩子都是带着自己的使命来到人间的天使，可是，在现实中却很难达成。我的朋友黄舒骏也曾是一个想当总统的孩子，最后还不是做了一个歌手。因为这个世界有时并不给你机会。

后来很长时间没见到他，听说他换了几份工作，最后辞职回家，写了不少东西。我想这孩子也不过如此了，又一颗明星归于沉寂。

过了几年，接到他一封信，讲了自己的心路历程。他说他的生命仿佛经历过无数次劫难，每次整个世界都被毁掉，不知道为什么，只有他能活下来，眼看着一个新的世界慢慢诞生、发展、衰老，最后又走到了毁灭的边缘。在这样的感觉里，他每次都千方百计地想要挽留住什么，却什么也留不住。这次又走到了最后，他发了一个愿，如果不能带这个世界渡过劫难，就让他随这个世界一同死去，他要和那些注定被淘汰的生命在一起。没想到此念一出，仿佛一扇门为他开启，他又看到了新的天地。

读完了信我很好奇，他到底看到了什么？我等他来向我汇报，一等又是三年。

这一见面，我都认不出来了，他留了满脸大胡子，只有眼睛还带点儿当年的童真和稚气。

我单刀直入，请他谈谈这些年的感悟和心得。

只听他娓娓道来："这个世界热热闹闹，但是热闹的背后是什么？是约束。我看到有一条无形的线，线的下面就是各种各样的民间力量，线上面就是所谓的决策层。"

"可是说到底，你也只是一个书生，你想得再好，看得再明白，又能发挥多大作用？"我不依不饶。

"每个人的使命各不相同。有一个阀门，有一个开关，我能把它打开，别人想做还不太容易。"

"你何德何能，能做别人不能之事？"我乘胜追击。

"慈悲之心。每个生命都来之不易。我能拿我的命替人还债，还有谁可以？"他终于说出了最关键的东西。

"我明白了，原来你一直都没有变过，你还是当年那个纯真善良的小孩儿。"我喟然长叹，"你可知道，这条路有多么艰辛？"

"我一步步走过来，又怎么会不知道？"他的表情淡漠得让我心疼。

"生死本不足惜，你又如何保证你能走到底？"我的声音里充满了关切。

"我最看重的不是做事，而是人心，做事之前先要打动人心，把人心从偏执、仇恨的牢笼中解放出来。"他凝神道，"让人恨我我就败了，让人害我我就败了。我是要用自己的血肉给别人铺路，用自己的生命换取别人的前程。"

"就算圣贤也不过如此！"我不禁感慨。

你可以更彪悍地应对世界

让你终身受益的智慧：

生命是一种境界。

你付出一切艰辛换来的领悟，就是最宝贵的精神财富，可以照亮别人的旅程。

看到人往上爬，不要从后面推，要在旁边扶一把

老王挨了老板一个嘴巴。他哭着说，这些年为老板鞍前马后，坏事做尽，没想到就为了一点点小事，老板就跟他翻了脸，当初真是看错了人。

"什么小事？"我问道。

"就是偶然发现一张照片，是我和他太太的合影。他太太寂寞，我花点儿时间陪她，又有什么错？你以为我愿意陪那个老太婆吗？"他委屈道。

"哦，这么说是有点儿误会，解释清楚不就完了？"

"问题是解释不清楚，他太太都承认和我有一腿了。是他们吵架，他太太故意把照片扔给他的，就是想激怒他啊。"

"这么说，你是被冤枉了？你真的就那么清白吗？"

"也不完全是。我们男人有时候逢场作戏，那也都是为了工作啊。"他叹道。

"为了工作就和他老婆搞上了？是不是还打算背后算计他啊？"我笑着问。

"师父你得理解，我为他做了那么多坏事，黑锅不能都让我一个人背吧？我总得拿到他一点儿短处，要翻脸的时候也好玉石俱焚。"

"所以，你就找他的太太开展'调查研究'了？要是你太太找别人算计你，你能不生气吗？"

"话可不能这么说啊。现在我已经拿到了他的底牌，我们已经是一条线上的蚂蚱了，他怎么就想不明白？怎么还敢跟我翻脸？这不是逼着我鱼死网破吗，对他又有什么好处？"他疑惑不解。

"那你可以跟他讲明白利害关系啊。"

"我说了，说完他就抽了我一个大嘴巴。他说让我有什么招尽管使出来，他奉陪到底。他这是要逼我走绝路啊。"

"那么你愿意吗？"我问道。

"我当然不愿意了。我也有老婆孩子，这些年也攒了不少钱，够我下半辈子安享清福的了。我也想躲开这是非之地，可是他不容我呀。"

"你跑得远远的，他够不着了，还能有什么办法？"

"师父您不知道我是怎么混到了今天的。凡是挡他路的，我都得不择手段解决，这些年做了多少伤天害理的事，才换来了他的信任啊。如今证据都在他的手里攥着呢，只要他稍微往外捅出一点儿，我就得被全国通缉。你让我往哪里跑？"

"你不会出国啊？"

"没有用啊。他要真想找我，除非我永远不和亲朋好友来往了，不然他早晚会查到我在哪里。按他的手段，就没有他不敢干的事情，下半辈子我都得提心吊胆，说不定哪天就死于非命。"他眉头紧锁。

"哦，这么说就是报应了，不是他要害你，是你做的事情让你有了今天。早知今日，何必当初啊。"我叹道。

"我也知道我错了，当初看错了人。可是走到今天，回头也回不去了，我该怎么办呀，师父？"他急道。

"你没有看错人，"我笑道，"你是看错了自己。"

"此话怎讲？"他疑惑。

"你想做一番事业，你也有这个能力，只是需要一个机会，对不对？"

"对呀。"

"正好你的老板正在用人之际，就投靠他了，对不对？"

"对呀。"

"这两年借他的力量，你也风生水起，好不风光，对不对？"

"对呀。"

"如果不做那些伤天害理的事，你有没有能力做出今天的成绩？"

"当然有了，我一直就有能力，只是没有机会。"

"那我问你，在你老板让你做坏事的时候，如果你不干，他还会不会信任你？"

"那怎么可能？我事事和他对着干，他还能捧我吗？"

"你错就错在这里！"我答道，"古龙说过，你看到人往上爬的时候，不要从后面推他，而应该在旁边扶他一把。"

"怎么讲？"

"不应该你顺着他，而应该让他顺着你。你让他看到你的能力，看到你对他有用，他就会用你。你做坏事只是给自己挖了个坑，把自己埋了，让你走不到头。"

"是吗？"他若有所思。

"你们老板这人我也知道，他不是没有理想。当年大学刚毕业，他也像一个普通大学生一样，充满了报国的愿望，主意一个接一个，甚至得罪了很多人，因为他走得太快了，别人跟不上。后来他吸取了教训，知道要适应现实，同时也适应了现实中的很多不良风气，做事情变得不择手段。他今天确实犯了很多错，但归根结底，还是因为有很多像你这样的人在推波助澜。"

"您是说，如果我换一种方式……"他充满了疑惑。

"是的，当初你应该换一种方式，劝他不要急功近利，做事情要讲究分寸和节奏，要讲究火候。你真为他好，他能听明白，你真有用，他能给你机会，那就不会走到今天这步田地了！"

"这么说我真的错了？"他像是问我，又像是问他自己。

"这个世界充满了欲望和诱惑，有的人陷进去就会觉得老子天下第一，为了自己的欲望可以不顾一切。明智的人会谨慎地避开诱惑，他们图的不是一时的快乐，而是要完成自己的使命啊。"我叹道。

"使命？走到了这一步，您真的觉得我还有使命吗？"他抬头看我。

"有的。不管犯了多少错，只要明白了，就是回归了正路，正路上面自然有使命等着你。"

"今天我还有什么使命？"

"你记不记得什么是你最初的梦想，什么是你最后的渴望？"我笑道。

"我想扬名天下，我想万古流芳。可如今还怎么可能？"

"可能的，只是做错了要偿还，看你有没有壮士断腕的勇气。"

"怎么还？"他问。

"你们老板也是有抱负的人，只是这些年独断专行，再加上你推波助澜，他也已经迷失了。要想偿还，你必须当面道歉。"

"还去找他，我不是送死吗？躲他我都来不及。"

"我就是要你去送死，"我笑道，"既然你怎么都躲不过去，不如就去送死，说清楚了，起码也落得死而无憾。"

他一下呆坐在地上，说不出话来。

"这样能把事情解决，起码不会殃及你的家人啊。"我还添油加醋。

三天之后，他给我发来一条短信："说清楚了，问题解决，我很好，勿念。"

让你终身受益的智慧:

欲望使人犯错,只要知错能改,你就战胜了欲望。

怒气让人偏激,冷静下来纠正错误,你也就战胜了愤怒。

❅

内心宁静是一种大智慧，可在纷杂人群中依然坚持自己

某作家得了一个奖，各种人就蜂拥贴上来，搞得他不胜其烦，跑到我这里来躲清静。

　　"现实真是一个黑色幽默啊！"他感慨道，"二十多年前，社会上还有点儿文学氛围，可是我得不了奖。到如今，写诗的都跑去编电视剧了，小说已经没人看了，再给我这个奖还有什么用？"

　　"这么说，你觉得现在文学已经死了？"我问道。

　　"文学？孩子们都闻着钱味去学了，艺术也都变成了卖艺换钱之术。你说中国这几十年的发展跟文化有什么关系？他就是没文化呀！"

　　"这么说是不是有点儿偏激呢？文化不是挺繁荣的吗？歌厅遍地开，秧歌天天踩，老百姓还是挺充实的啊。"我笑道。

　　"是充实，还有麻将呢，什么玩意儿啊！"他愈加不忿。

　　"怎么着，今天的文化繁荣，似乎让你有些不爽？"我故意勾他的话。

　　"我是十分不爽！"他愤愤道，"整个社会的价值取向都偏了，金钱至上，然后所有精神上的纯粹的追求就都被挤压得溃不成军。"

"是书斋和象牙塔里的闭门造车被挤压了吧，这也没什么不好啊。"。

"不是这样，是知识界不依附于金钱的独立精神受到了打击啊。"他辩解道。

"不打击，怎么显出你独立精神的可贵呢？"我故意狡辩。

"可贵？没得奖谁觉得我可贵？还不是用钱在衡量！"他不屑道。

"为什么非要厚此薄彼？凭什么你们少数人的文化就是文化，大多数人喜闻乐见的文化就不是文化？"我赶紧转移话题。

"我并不反对市井文化，"他辩解道，"我反对的是金钱至上，扼杀了文化的多元性。文化就应该百花齐放，就应该容纳各种不同的声音。"

"那我问你，在文学比较热的时候，你们这些成名的作家有没有压制年轻的作者？按你们的口味挑剔批判，出个王朔都要打击，有这事吧？"我准备跟他抬杠到底了。

"当年我可没有批判他啊！"他连忙申辩。

"可是你也没有帮他。那会儿怎么不说百花齐放了？怎么不说年轻人有自己的理解和追求，那帮老头子理解不了？"我不依不饶。

"那不等于是跟整个圈子作对吗，以后我还怎么混？"他无奈道。

"对，就是圈子，你们搞自己的小圈子，在里面互相吹捧，孤芳自赏，跟老百姓又有什么关系？后来大家看明白了，不搭理你们了，你们还觉得很受伤。其实，是你们自己脱离了群众啊！"我痛打落水狗。

"你说的这些也有一定道理，"他开始挠头，"可是我们也有我们的苦衷。"

"你那点儿苦衷谁不明白？作家越贴近现实，越容易遭受打击。当年出事的都是写报告文学的，今天倒霉的都是敢言的记者。可是，缪斯女神眼里容不得一点儿沙子，要求你完全燃烧自己的生命彻底奉献给她，你做到了吗？"

他一下抬起了头："我做到了！虽然走了迂回的路线，但我的笔揭露的都是这个民族烙在灵魂深处的伤疤。不管我人品如何，不管我现实中说了什么，做了什么，我的笔永远都是最真诚的，里面没有一丝一毫的谎言。"

"我也相信你做到了。中国那么多码字的，这个奖人家为什么不给别人，肯定是因为你比他们稍微高一点点。"我也顺势打个圆场，"我只是不明白，你为什么不能在现实中也像你的笔一样真诚呢？"

"因为我知道我是干什么的，写东西就好好写，把现实中繁杂的事情减到最少，我只为作品活着。这么多年默默笔耕，再穷我也不去编电视剧，这就不容易了啊。"他叹道。

"是不容易，让一家老小跟你受穷。"我附和道。

"是啊。可是没想到，刚得了个奖，那么多人就找上门来。拜托，我写东西需要清静，别打扰我不行啊？"

"所以，你就跑我这里躲清静来了？"我笑道，"你总不能在我这里待一辈子啊！"

"是啊，没看我正发愁呢吗，以后该怎么办啊？"他又挠头。

"还像以前一样不行吗？"我问道。

"你是不知道，自从得了这个奖，多少记者找我，多少地方请我演讲，甚至还有政府部门找我，要给我个一官半职呢。"他显得不胜其烦。

"现实这本大书已经为你打开了，你就不想在上面写上几笔？"我反问。

"你让我怎么写？"他用那种眼神瞪着我。

"你就不能用他的书写你自己的文章？"我笑答。

"啊？此话怎讲？"他显然有些吃惊。

"你在作品里表达的精神追求和文化关怀，该在现实中扎根了。就看你想不想。"

"我当然想了，可是我只会写东西，别的都不会啊！"

"能拐弯抹角写出心里话，就不能直接说出来吗？"

"不能啊，我怕……"他欲言又止。

"怕什么？怕作协把你开除吗？你现在得了奖了，谁敢动你？这个时候，你就应该大谈特谈你的文化理想，向政府要政策，向企业要钱，争取公众的认可。"我鼓励他。

"可是我要保留文化人的独立人格……"他还在坚持。

"说心里话就不独立吗？现在你是老大，整个舞台围着你转，别人都得听你的！再说了，这些年一直在宣传主流文化，为什么你就不能宣传宣传你自己的文化理念？"

"你是说我应该利用一切机会表达自己？"他有些明白了。

"对呀！你现在可以倡导文化人对生命的深切关怀，甚至你还可以抨击那些束缚文化发展的政策和制度。只要你敢喊出来，你怎么知道政策不会因你而改？"我火上浇油。

"难道你是要我和政策对着干？"他狐疑地看着我。

"错了！所谓的独立知识分子，并不是非得摆出和官方唱反调的姿态。如果你觉得这是一个大的家，如果你觉得当官的也是家里的成员，那我告诉你，你不和他们说心里话，才是真正和他们对着干。你也看得见经济领域的发展，为什么文化方面走得慢，就是因为你们知识分子没骨头，没胆！"我声色俱厉。

"这么说，我应该发表不同意见？"

"当然，那是你的天赋人权。"我继续打气。

"我不用怕别人不喜欢？"

"重点是你要明白，文化不是个别人手里掌握的私产。你只要对民族负责，对百姓负责，对历史负责，就已经足够了，不用非得把自己打扮得像使唤丫头那么下贱！"

让你终身受益的智慧：

内心宁静是一种大智慧，洞察一切，所以不会再起波澜。

虚怀若谷可以接纳理解万物，但同时也要坚持自己的独立观点。

危难中学来的智慧，是以德报怨，
真心为别人找寻出路

曹公很神秘，从来不说他的身世来历，我也从来不问，只是谈话中常常有些玄机。

　　这次正好赶上阴雨，他借题发挥道："乌云压城啊。"

　　我便伸手斜斜一指："星星要出来了。"

　　"可怜孤星难持久，独木难成林。"

　　"一枝独秀不是春。"我答道。

　　"百花齐放，需要何人牵引？"

　　"星移斗转，水到渠成。"我笑了。

　　其实，我早知道他身居要职，只是不便点破。

　　他说乌云压城，说的是前途坎坷，我说星星，意指还有你撑着呢。他怕自己撑不了多久，我就告诉他要做出一个局面才行。他问如何做，我就劝他莫急，顺其自然就行。

　　看来这个回答不能让他满意。他总想提前看出点儿门道，早做准备，省得事到临头被动，于是，我便请他进密室详谈。

　　"想问什么请讲。"我开门见山。

　　"我看到平衡已经被打破。其实黑与白是一种平衡，一旦平衡打破，黑白都将不复存在。"

　　"很好，那你来求什么？"

"求在世人心中播下未来的种子，帮人们找到自己的路。"

"什么路？"

"自我觉醒之路。靠物质利益带动的人类社会已经走到了尽头，新的方向，是每一个人心灵的自我实现。"

"靠谱儿，"我答道，"既然这是一种必然，你还有什么可以求的？"

"求如何能够拂去世人心上尘埃，让他们的本性放出光彩？"

终于问清楚他的来意了，我便一言不发，沉默入定。

其实这是个很古老的话题。自有人类文明以来，历代古圣先贤都想唤醒人心，但是都差了一点儿。因为每个人都得探索那个独一无二与众不同的自己，根本就没有一条统一的路让大家走。所有学说流派归根结底只能算是一种助缘，最关键的东西其实一直都在自己身上。

沉默了许久，我终于缓缓吐出了四个字："接纳自己。"

他垂首肃立，等我进一步开示。

"你看，以前社会上总有一两种占统治地位的学说宗教，人们都有一些公认的必须遵守的约束和规范。可是到了今天，一切束缚人心的有形之物都在瓦解。如今信息泛滥，各种互相矛盾的学说流派都在网络上流传，它们的力量互相抵消，最后，人们再也找不到绝对的好与坏，只能说我喜欢不喜欢。这就叫天象，这一切都是在铺垫。

"这些年，人们已经学会了带着不同的观点共同生活，学会了不再强求别人，也学会了不再菲薄自己。这就叫作势，顺着这个方向走，下一步就是自我发现。我今天喜欢这个，明天喜欢那个，我在不断拓展对自己的认识。我尝试过张三的快乐，我尝试过李四的快乐，最后，我还是想要找到自己的快乐，这个就叫自我发现。

"今天，束缚人们的最后一道锁链就是金钱，人们都在为钱不择手段。可是你也知道形势，经济有起伏，钱也有不好挣的时候。一旦金钱梦碎，人们就会失去最后的精神寄托，愤怒恐慌绝望，到最后只能接纳自己，从自己的心灵中寻找力量。

"这就是我看到的舞台，已经有一批人跃跃欲试，准备登台表演。问题是，你准备好了吗？"

"我该准备什么？"他凝起了眉。

"你要给人心带来光明，必得先吃遍众生之苦。你有运转乾坤的抱负，必得先闯过激流险滩。"我盯住他的双眼，一个字一个字说道。

"如何才能闯过？"

"在各种力量激烈交锋的时候，你该退一步，理解矛盾双方内心深处的恐惧和痛苦，把他们当成你的父母兄弟，真心为他们找寻出路。只要能做到，就算是玉石俱焚的局面，你谁也救不了，至少也能独善其身。等到他们谁都束手无策的时候，你的机会也就来了。"

你可以更彪悍地应对世界

让你终身受益的智慧：

吃苦换来的慈悲，是不愿别人受苦。

危难中学来的智慧，是以德报怨。

悠闲是一种生命的担当

　　某位脱口秀明星靠草根精神成名，然而，自从成名之后，他变了，他的幽默里再也看不到社会批判的锋芒，渐渐在众人心中沦为了插科打诨的小丑。

　　某日，他来拜访，开口就问如何才能再度辉煌。

　　我问他："你现在不是挺好的吗？"

　　他苦笑道："师父您不知道，名声虽然如日中天，但这都是表面上的，我自己心里底气不足了啊。原来我什么时候累过，可现在，要上节目心里都慌。"

　　"不会吧，你现在不是还挺贫的吗？"我笑问。

　　"现在，我也就剩下贫了，可原来是很多人都为我感动啊！"他长叹。

　　"哦，这个事啊，是你自己背叛了观众，还怎么怪人家呢？"

　　"我怎么背叛了？"他不服。

　　"你原来针砭时弊，现在就剩下插科打诨了，立场明显不一样了嘛。原来你是草根，有一肚子委屈，现在娶了富婆，就要替有钱人说话。"我一针见血。

　　"师父这也不能怪我啊。我只是个卖艺的，凭嘴皮子混口饭吃，没出名时可以假扮公知愤怒愤怒，可你也知道树大招风，我再想像原来那么干，含沙射影，不说别的，电视台都不会播我的。再说了，我又不是没被有关部门关照过。"

"关照你就怕了吗？"

"谁不怕呀？师父，人在屋檐下，不低头行吗？我吃的谁的粮？拿的谁的饷？"

"你们演员的饭不是观众给的吗？"

"师父啊，饭虽然是观众给的，饭碗可是要看别人的脸色啊。"

"不对啊，记得原来你说过，你有多么多么聪明，如何会打擦边球，说什么大家以为这个不能说，那个不能说，其实什么都可以说的，只要说得高明就好。"我反问。

"我那时候不是不懂事嘛。"

"所以你就一蹶不振，再也不敢碰那些热点话题了？"

"是啊，换你，你还能怎么做？"

"这不就是你背叛观众了吗？怎么还想让观众为你感动？"我乜斜着眼看他。

"师父，您仿佛对我有些不屑？"他还真好意思。

"我是十分不屑。"我答道，"不过也看你有些可怜。"

"怎么说？"他的兴趣一下就上来了。

"你本来可以成为表演艺术家的，不是非得当一个小丑啊。"我叹道。

"何为艺术家？"他不依不饶。

我拿笔写了一个"闲"字，扬长而去。

第二天，看他还在客房发呆。第三天还是。到了第四天傍晚，他才又来找我："谢谢您的点拨。"

"哦？你悟到什么了？说来听听。"我好奇。

"不要忙着追名逐利，不要忙着做节目上通告，先让自己闲下来，这是闲的第一层含义。"

"有什么用呢？"

"我在您这里闲了三天，就颇有领悟，好像充了电一样。再看以前的生活方式，确实是不健康，把自己榨干了还硬往前拱，再怎么使劲都是小角色啊。"他感叹。

"有道理。"我点头。

"对观众的态度也应该悠闲一点儿，不要过分追求笑点的密集。"

"那应该追求什么呢？"

"我回想自己以前的成功，打动人心凭的常常只是一两点。只要把铺垫做够，气氛做足，自然可以水到渠成。"

"如何铺垫？"

"这个就是闲的第二层含义，世人皆醉我独醒，世人皆忙我独闲。其实按照佛家的观点，每个人都活在焦虑之中，都需要真正的关怀吧。我想我应该表现的，是一种悠闲的生活态度，你们为这个烦恼，为那个烦恼，可是同样的问题到我这里就都不是烦恼，都可以悠然化解。"

"如何化解？"

"心不要太紧，手不要伸得太前。去争的名和利都是小名小利。不去争，多花点儿时间来栽培自己，提高自己的领悟和境界，提高自己的核心价值，才能得到大名大利。"

"何为大名大利？"

"好比你原来是10块钱的水平，和人去争才能得到10块，不争可能只有5块。可是如果培养自己，让自己达到了100块钱的水平，就算有人竞争，你起码也能拿到50块啊，哪个更合算呢？"

"有道理。可是世人的烦恼很多，不光是只有名利的问题啊。"

"其实理都是相通的。遇事往前赶，才会把自己搞得很紧张，退一步自然解决问题。比如老婆有外遇，你就可以不当她是老婆，爱错了人可以换个人爱。慢慢算计她的钱，再慢慢搜集她的罪证，到最后就是她光屁股滚蛋，旧的不去新的不来。你看这有多合算？"

"啊？你就打算教人家这个啊？你对自己老婆是不是也这么算计的？"我问道。

"这话应该这么说，师父，男人不止一面。我当然有爱她疼她那一面。可是如果她对不起我，无毒不丈夫，我当然也得准备好了如何翻脸。"他笑嘻嘻道。

"你这不是教人学坏吗？"

"不是。我要告诉人们的是，你做好了最坏的打算，准备好了完整的操作方案，就不用再怕别人会伤害你，反而可以全心全意毫无保留地去付出爱。如果别人对不起你，愿意原谅你可以原谅，那是你宽宏大量，不是你没本事只能被欺负。"

"你是让人们可以选择？"

"对啊。人们的恐惧就是因为无法选择，什么不好的事你都得咽下去，这是无能的表现。我要用悠闲的方式传达给他们的，是一种力量，让每个人都有力量去征服这个世界。"

"这话是不是说得有点儿大啊？你自己都被这个世界征服了。"我笑道。

"我想过了，栽一个跟头我并没有输，我还可以继续战斗。"他昂起了头。

"怎么战斗？"我继续勾他的话。

"以后我再要给人出主意，都要先从维护国家荣誉的角度思考。其实想想也对，社会上接连发生的各种丑恶事件，才是在损害国家荣誉。我要帮弱者出主意反抗，那才是真正在维护国家荣誉啊。"

"你不是说，秀才遇见兵，有理说不清吗？"

"这就需要用到我的技巧了。正说不行可以反说，直说不行可以拐个弯儿说，我要是征服不了现实，凭什么当艺术家？"他更加昂然。

"他们一定会想，还治不住你了，越整你还越来劲了！这回你就真的不怕了？"我问。

"我在您这里待了三天，主要就是想这个问题啊。直到今天下午才豁然贯通。"他感慨。

"有何收获？"

"现实中的各种势力，他们都有自己的规则和行为模式。你看他们很强大，其实他们也是轨道上的火车，谁也出不了格。大家都害怕，都觉得现实是铁板一块。但是只要你摸透他们的规则和轨道，就会发现他们也像筛子眼儿一样，充满了缝隙。只要你愿意，就可以随心所欲，游刃有余。"

"你这是在玩火啊。"

"当然，玩不了火还当什么艺术家。"

"你就不怕惹火烧身？"我好奇他三个晚上怎么有这么大的变化。

"我这几天主要是在计算风险，推演各种可能的结果和应对方案，最后得出了结论，一切风险都能控制在可接受的范围内。"

"如何控制？"

"每个人都觉得，个人在强大的权势面前十分渺小。可是，再强大的权势也是由人构成，里面的每个人也都有自己的恐惧，怕说错话，怕得罪人，怕得不到信任，怕知道太多秘密而引火烧身，他们怕的其实比我们老百姓还多呢。而且权势中的人也不是一个系统的，相互之间也在提防戒备。这就是我看到的缝隙，有了这些缝隙，我就可以确保自己不受损伤。"他胸有成竹。

"如何做呢？"我还在套他的话。

"比如，原来找过我的那些人，我可以主动跟他们说，我想帮助国家维护团结稳定，化解民众心中的敌意。这么做，他们是不会反对的。以后，如果他们对我的表演再有争议，彼此从维护国家的共识来谈，理解的余地和宽容度就变大了。再说，我还有谈判的底牌。"

"你还有什么底牌？"我继续往下挖。

"政府希望百姓幸福，这就是底牌。什么叫幸福？不把心里的疙瘩解开了，怎么能幸福？因此，我背后也有人在支持。"

"难道是有人撑腰？"

"当然有了！"他拍起了胸脯。

"什么人？"

"所有观众都在给我撑腰，所有受了委屈的民众都在给我撑腰啊。"

"你就不怕人家背后给你使坏？不怕人家算计你？"

"我当然怕，所以，在讨论各种问题的时候，我要保持悠闲的心态，努力不要陷进矛盾的旋涡。我不想用你死我活的态度去处理问题，我希望大家都活，希望做错的人也都能得到机会改正。你们佛家不也说，人是最可贵的吗？"

我不得不点头："对啊。可有的人就是执迷不悟，对利益就是死不放手，你就不怕得罪他们吗？"

这时，他一脸肃然："我当然怕，但是不能因为怕就不往前走。我怕他们伤害我的生命，但是更怕放弃自己的使命，如果行尸走肉一样地活着，和死了又有什么区别？"

"这么说，你再怎么计算，还是要承担风险？"

"是的。我只能尽量准备好随机应变。我要把每一天当成最后一天来过，要说自己必须说的，做自己必须做的，努力把自己的信息传播出去。这样就算我死了，别人也可以吸取我的经验，继续走我没有走完的路吧。"他说得有些悲壮了。

"你怎么知道一定会有人接着你的路走？"

"一定会有的，因为所有人都是一个整体，我讨论的都是压在大家心里的问题，我得到的经验和教训都会被大家吸取。我走的路我都看到了希望，看到了成功的可能，看到了每个人都可以摆脱压抑，可以活得更自由。"他眼角有些湿了。

"了不起！"我不由赞叹，"你果然又把你的心和千万人的心连在了一起。"

让你终身受益的智慧：

悠闲不仅是一种表面的涵养，更是一种生命的担当。

当你找到了自己生命中真正的使命，就可以摆脱烦恼忧愁，悠然自得。

学会不断重新开始，就等于比别人多活了四五辈子

某富家公子出了件事，寻衅滋事，在里面待了整整一年。

刚一期满，他爹就把他领来见我，求我帮忙开导。

这孩子还真没少吃苦，看起来沉默寡言，我准备先打开他的心扉。

他爹刚走，我就把他领到自己房里："孩子，你这一年受苦了啊。"

"没事，"他说，"凭我的身份，到哪儿都吃不了亏。"

"怎么讲？"

"我随便哪个叔叔都比他们所长官大，下面的警察进我房间都得敲门。"

我一看便知孩子这一年算是白待了。

"我有一个朋友，也坐过牢。"我故意只说一半。

他连眼皮都没抬，嘴角一撇。

似乎有些不忿。

我接着说："他说那里是他人生的最低谷了。这些人都到了绝境，怎么还不明白啊，非得找点儿所谓的快乐自欺欺人，这样有意思吗？"

他终于抬起了头，反驳道："狼行千里吃肉，狗行千里吃屎。"

"我那个朋友也算是有背景的人了，可是他什么关系都没用。他还跟我说，当初是他坦白交代，主动进去的。"

只见他的眼神有些疑惑，仿佛在问，那种地方还会有人主动进去？

"他说从小就没有人理解他，大人们都太忙了，没有人给他最需要的那种爱。他心里话都没有人听，一直都觉得很苦。他说，既然这个世界一直在伤害我，为什么我不可以伤害别人？"

我又抬眼看他，只见他点了下头，脱口而出："对啊！"

"他也觉得对，所以做了很多伤害别人的事。直到后来，遇到一个平凡的女孩儿，那个女孩儿把他看成是世界上最纯洁、最善良的人，甚至愿意为了他放弃一切。他说，如果我当时告诉她我做过什么，她一定会说，法律是错的，她甚至愿意跟我去浪迹天涯，做一对雌雄大盗。"

只见这孩子眼中露出了向往之色。

我继续道："他说他不能带那个女孩儿一起去对抗全世界，他没有办法给那个女孩儿幸福。他说：我不能让她像我一样，那就只能让我像她一样，按照她的道德观念，对我曾经做过的一切伤害别人的事情给出足够的偿还。他说别人坐牢都很难受，但是他反而觉得释然。"

"后来呢？"这孩子问我。

"后来，他就变得特别好。他说他付出了这么大的代价，才把自己身上洗干净，真像《天下无贼》说的那样，不死也得掉层皮。以后绝不能再伤害别人。"

"不是，我是问，后来他和那个女孩儿怎么样了？"

"哦，你问这个，等他出来都过去了五年。他又见了女孩儿一面，人家已经有了自己的生活，再也不是当年那个天真冲动不顾一切的小女孩儿了，从那以后再也没见过。"

"那你说他付出这么多，值吗？"他用期待的眼神看我。

"值。他给了自己生命一次重新开始的机会，等于重新再活一次。人做过的事情都是负担，压人到老，可是他卸下去了，而且以后学会了不断重新开始。别人只能活一辈子，他现在已经等于别人活四五辈子了。"

"以前从来没有人跟我说这些。"这孩子低下了头，若有所思。

"好好想想吧。"说完，我就退了出去。

第二天，他一见我就问："师父，你说我应该走哪条路？"

我笑了："先别说这个，你现在走的是哪条路？"

"现在吗？我们这些孩子有个小圈子，仗着父母的能力，天天就是吃喝玩乐。"他有些惭愧了。

"这种生活你不喜欢吗？"

"我想了一晚上，觉得这不是我想要的。现在的所有快乐，我都觉得不太真实。尤其是进去了之后，天天都看到人性的丑恶面，感觉这世上全是卑鄙小人，特别脏，我实在不想再和他们搅和在一起了。"他低头说。

"好像我听说过人性中也有善的一面吧。"我敷衍道。

"师父，我真的测试过，善的一面实在是太少了，就像雪花一样，一碰到名利的阳光，立刻就烟消云散，剩下的全是赤裸裸的丑恶嘴脸。"

"奇怪了，你才接触多少人，在哪里测试出来的？"

"师父您不知道，我家里就是一个名利场。每天来来往往的客人，不外乎是拉关系套近乎。各种各样的嘴脸，我实在是见得太多了。那些人平时道貌岸然，仿佛也有一些人格的，怎么一到了私下的场合，就都像被照妖镜照到了一样？"

"原形毕露吗？"

"是啊，我一看到他们，就想起了孙悟空打死的那些妖怪，越来越觉得《西游记》真是一本现实主义小说啊。"

"他们是好是坏，与你何干？"我笑问。

"因为我也生在这个圈子里，我也注定要在圈子里混，可是我真的不愿意啊。"

"你想怎样？"

"我也想像您的朋友一样，扒掉一层皮，重新开始。可是我不知道该怎么办啊。"

"你是说你想脱离这个小圈子？脱离现在拥有的这些特权？"

"是啊。"

"你不想做人上人吗？"

"我想，但是也想明白了，在这个圈子里，我永远是权势的奴隶，根本都算不上人啊！"

"那你说什么算人？"

"像您的朋友那样，有能力左右自己的生命，不受别人的摆布。"他毅然说道。

"谁摆布你了？"我好奇问道。

"师父您不知道，我们这个环境就是把名利看得高于一切，看成是最高的人生追求。这个环境里的每个人，都无时无刻不散发着铜臭味，非要强迫你接受他们的价值观。我觉得就像掉进了粪坑一样，憋得都喘不上气。"

"所以，你就生气了？"

"我当然生气了，可是又不知道该怎么办。每个人都口口声声是为了我好，可是我有什么想法，就算是喊破了嗓子，他们都听不见啊。实在受不了，才会胡作非为，才会惹是生非啊！"他说着说着，带出了哭腔。

"那你到底想要什么？"

"他们也一直问我，还说要什么都能满足得了。可是我要的就是离开他们，重新开始！"他的眼光充满了恳求。

"这个好办。我那个朋友，从监狱出来后就出去徒步旅行了，从北京走到济南，济南走到开封。后来走够了，才开始坐车，直接进了神农架，就差点儿当野人去了。"

"后来呢？"他目光充满了期待。

"后来想通了，找到了自己的路，就回来了。他说他问自己，人间还有没有未了的心愿，还有没有想做的事情，然后觉得应该帮助更多的人，所以就回来了。"

"哦，这个不错，我可以试试，谢谢师父。"说完，他就给家里发了个短信："我去旅游了，勿念，再见。"

三个月后的某一天，家人说有个要饭的要见我，这一看，差点儿没认出他来。只见胡子拉碴，头发像刺猬一样，又黑又瘦，只有两只眼睛炯炯有神。

　　我奇怪了："你怎么混得这么惨？"

　　"没有啊，我有卡，有钱，只是不想去花它。我觉得这样挺舒服。"

　　"别人徒步，也都背个包，带点儿装备什么的，你怎么什么都没有啊？"

　　"我不用啊，走到哪儿兜里装瓶水就行，饿了就随便要口吃的。"

　　"你真行！赶快说说，以后有什么打算？"

　　"我这回就是特地来找师父汇报的。真的走出去，才看清楚到底是什么样子。"

　　"哦，什么样子？"我好奇道，"难道在家反而看不到吗？"

　　"我在家看到的，只是海洋表面泛起的泡沫，真走出去，才看见海有多深。"他感叹道。

　　"怎么讲？"

　　"我这回出去，不认识的人都能请我吃饭，还有留我去他们家里住的。更重要的是能跟我说心里话。有个老头嘴里剩不了几颗牙，说的话我都不懂，还跟我连说带画，告诉我人要心好，心好走到哪儿都有饭吃，时间长了还有钱花。有个大婶给我端羊汤面，专门给我捞的肉。原来我钱再多都是空的，走出去，天天都是满的。"

　　"那你说他们为什么对你好？"

　　"这就是人的天性，这就是人的本能，这就是人性啊。只有离开城市的虚荣繁华，回归乡间的淳朴，才能看到真正的人性。"他叹道。

"照你这么说，城里人就没有人性？"我反问。

"不是没有，是被压抑、被扭曲了，互相提防戒备，明争暗斗。"

"听你的意思，似乎是想对着干？"

"对啊，不然我回来干吗？我的方向已经找到了，就是要回到人性扭曲的地方，争取把人性纠正过来。"

"就凭你？"我有些不敢相信。

"准确地说，是我们这一代。因为我们年轻人总想发言，没有机会，才不得不整日沉迷在虚拟的网络世界里。现在我觉得我找到方向了，正好我有这个条件，有资源，也该利用这些条件发出点儿声音了。"

"你以为能有多少人听你的？"

"师父您不知道，我们这代人都不喜欢大人的世界，觉得这个世界都是别人安排好的，自己没有发言权，所以才会在网络上建立自己的虚拟王国。我也不要求别人都听我的，但是至少可以请更多的朋友一起徒步旅行，一起去发现真实的国家、真实的人性吧。师父您让我看到了这条路，现在我只想拉更多的人进来一起走，至少要好过原来的整天吃喝嫖赌吧？"

他说得我无言以对，不得不点头："道理倒是没错。"

他接着道："我也知道，要想改变旧的世界并不容易。可是就算头破血流也要去闯，这就是我们年轻人的天性。我们可以牺牲，我们是90后。"

"你别净想着牺牲啊，想做事情并没有错，应该多想想怎么把事情做成。"我赶紧打圆场。

"不用想太多，反正你们都会说我们经验少，不懂这个不懂那个，我们只管去做就行了。"他居然不给我面子。

"我可没说过这话，我和他们可不一样。"我赶忙划清界限。

"那你知道我的目标了，你能给我什么建议呢？"这孩子居然又将了我一军。

我挠了挠头，边说边琢磨："我要给你一个忠告，尽量不要采用对抗的方式，尽量能顺势而为，因势利导，因为润物细无声的变化，常常比暴风骤雨来得更持久。"

这孩子居然真能听懂，想了一下回答我："您说得很对，我要充分利用一切能掌握的资源，在大人搭起来的舞台上，唱一出我们年轻人自己的戏。"

"那以后还会动不动就发火吗？"我还是忘不了他打人那件事。

这话说得他一下脸就红了："师父，那都是我上辈子的事了，如今我已经再世为人。以前找不到方向才会愤怒，如今我已经不用了，有大好的前程等着我，有那么多游戏可以玩，高兴还来不及呢。"

"小心，不要乐极生悲啊！"我不放心，又嘱咐了一句。

"不会不会，因为有那么多美好的力量在我的心里扎下根来，责任重大啊。"

让你终身受益的智慧：

你为什么愤怒？因为你失去了生命中宝贵的东西。

失去的一切都可以找回来，而且你还能得到更多，只要你愿意。

烦恼是一种养料

我云游的时候，碰到过一个愁眉苦脸的小孩，姑且叫他小明吧。

　　小明负责班里的黑板报，时常发现有人在偷偷改他的稿子，而且改得面目全非。听别的同学说，这是宣传委员干的。于是，这次他连夜加班加点，赶出了一期新年献词——《总有一种无耻让我们泪流满面》。

　　第二天一早他来到学校，发现这期的板报内容又被改掉了。他觉得忍无可忍，就无须再忍，于是在班上开始传播自己的原稿。没想到，传到宣传委员的手里，稿子就被截留了，宣传委员还给老师打了小报告，说他是挑拨离间，破坏班里的安定团结。

　　因此，老师找他谈话，还要约见家长，最后逼着他当着全班同学的面做检查，非得让他承认稿子是自己改的却故意诬赖别人，是他自己挑拨离间，拨弄是非。

　　他流着泪，念完了检查，同学们却都不相信，议论纷纷，民意一边倒地支持着他，还有人提议要罢免宣传委员。

　　这个时候，他却退缩了，他说自己也没办法，不做检查的话，老师就威胁说要开除他。这话一说，闹哄哄的同学们就沉寂了下来，其实谁都害怕被开除。

事情虽然暂时平息了，小明的心里却更加难受。就在那天放学的时候，他碰到了我。经不起我三问两问，就把事情原原本本对我讲了出来。

我听明白就笑了："孩子你真傻，你光看到别人掌握着你的生杀大权，你就没看到他们的弱点吗？"

小明疑惑地抬起了头："他们都穿一条裤子，我有什么办法？"

"办法多了去了，只要你先学会设身处地为人家着想。"

"什么意思？"小明一下子来了兴趣。

我笑道："我问你，你愿意当那个宣传委员吗？"

"我才不干呢，又要得罪人，又不能说心里话，活得比谁都憋屈，打死我也不干啊！"

"这么说，你也知道他活得难受了？"我问道。

"那当然，别看表面上嘻嘻哈哈，都是假的，背后谁都在骂他。"

"那你觉得他害怕吗？"

"当然怕了，最怕别人在背后说他坏话呢。看到别人说悄悄话，他的脸色就不对，就以为别人是在说他。"

"那你为什么不能发动同学在背后说他呢？"

小明一下来了精神："您说下去。"

"比如说，就让大家故意说悄悄话，还用奇怪的眼神看他，还捂着嘴偷偷乐。就让他看见，好像谁都在嘲笑他，你觉得他会怎么样呢？"

小明终于笑逐颜开："还是师父有办法，这样非把他整出神经病不可。怎么我就没有想到？"

我笑道："因为你一点儿都不关心他，所以你才看不到他的弱点。要是你能理解他的苦衷，你就知道他怕什么了。"

小明高兴地说："谢谢师父，我明天就试一试。明天下午放学，我还来这里找你。"

我点头道："咱们不见不散。"

第二天，小明兴冲冲地跑了过来，一见面就连连道谢。

我拍了拍他的头："汇报汇报吧。"他就连珠炮似的和盘托出。

原来，他发动了同学，对宣传委员展开了心理战。他们还不光是说悄悄话那么简单，这帮孩子可以说是积怨已久了，有个机会当然要各显神通。有指桑骂槐的，有含沙射影的，最绝的是大家都配合得特别好，不管宣传委员说什么，大家都哄堂大笑，还对他指指点点，有的捂着肚子都笑得直不起腰。

在强大的心理攻势之下，宣传委员不得不找老师告状。老师过来一问，大家当然不承认了，异口同声地指责他血口喷人。最后连老师都骂他，他那个委屈啊，不得不找小明求饶。他说他也不是故意要和大家作对，是因为有把柄抓在老师的手里，他实在是没有办法。双方达成了协议，以后老师那边有什么消息，先给小明通风报信，同学们这边他就睁只眼闭只眼，什么都不再管了。

看起来是大获全胜，我却劝小明不要过于乐观。

我问他："这个人欺负你们，根子是在他身上吗？"

小明说："不是啊，他也是被人利用了，他也是别人手里的枪。"

"枪在谁的手里呢？"

"是老师吧，那个老师老想治我们，就喜欢折腾人！"小明愤愤道。

"那你们把他的枪都策反了，幕后的黑手能咽得下这口气吗？"

一句话把小明点醒了："您是说他要秋后算账？"

"你说呢？"

小明一下陷入了沉思。

过了半晌他问我："师父您说，我们往下该怎么办？"

我盯着他的眼睛，说了四个字："除恶务尽。"

这下小明可为难了："您不知道，我们老师是校长的亲戚，他不光在我们班上作威作福，整个年级的老师都得看他的脸色。谁让他后台硬，年纪轻轻就当了年级主任呢？"

"你的意思是他上面有人？"

"那当然了，还都是穿一条裤子的。多少人想扳都扳不倒他啊。"

"哦？说来听听？"

"原来有两个能力强的老师看不惯他，都被他穿小鞋排挤走了。剩下的老师人人自危，联合起来搜集他的罪状，找校长告状。可是最后怎么样呢？校领导出面请大家开会，和稀泥呗，说是希望大家多给年轻人一点儿机会，年轻人也应该多尊重老同志的意见。会上他给大家道了歉，态度特别诚恳，可是转过脸来就恢复了原样。经过这件事，他的位置反而更稳固了，大家都知道动不了他，只能逆来顺受。"

"我明白了，"我点头道，"那你想接下来应该怎么办呢？"

"我看这事就过去了吧。我们要求并不高，争来一点儿小小的自由就够了。"小明天真地说。

"我看未必。"我意味深长地说。

三天以后，小明果然哭丧着脸来找我了。

"怎么了？谁又欺负你了？"我连忙拉他坐下。

"真是没想到，那个宣传委员又叛变了，把我们大家都出卖了。老师开了个家长会，给我们扣了一大堆帽子，还说这事有组织、有预谋，绝对不是孩子想得出来的主意，一定是背后有敌对势力在操纵，一旦查出挑头的，必须严肃处理，严重的可以开除。他连威胁带吓唬，搞得家长们纷纷表态不知情，还说回去要对孩子严格批评教育。"

"你说他为什么会叛变呢？"我问。

"我猜那天老师就看出了事情不对劲，批评他只是缓兵之计，他跟我们道歉也应该是老师命令的，要他打入敌人内部，好查清楚我们的底。"小明沉痛地说。

"这么说，从一开始你就掉进他们的圈套了？"

"是啊师父，我咽不下这口气，你一定要帮我报仇啊！"小明带着哭腔说。

"记得我原来怎么跟你说的吗？"我反问。

"您说除恶务尽啊，都怪我缺乏斗争经验，被敌人钻了空子。"

"不是这个，我一开始是怎么跟你说的？"

他想了想："您说过，要设身处地为对方着想，就知道他怕什么了。"

"对呀，你真的做到了吗？"我问道。

"我做不到啊师父。我觉得他们大权在握，容不得一点儿冒犯。他们的坏主意就像水龙头一样，一拧开哗哗直流，我们怎么斗得过啊？"小明哭丧着脸。

"我说过让你和他们斗了吗？"我反问。

"不对呀，上次不是师父给我出的主意吗？"

"上次我是打比方，我真正跟你说的，是你要努力去理解别人。"我纠正道。

"这有什么区别吗？再理解，不也是为了找到对方的弱点，反败为胜吗？"小明困惑了。

"不是的。你真的理解人家，你就会同情他，你就不想和他斗了。然后你会看到他的问题、他的苦恼、他的恐惧，然后你会想办法去帮助他的。先回去好好想想，如何理解你的老师，这就是我今天给你留的作业。"

三天后，小明带着一个男人，一起来跟我道谢。

我奇怪了，问道："这是……"

小明赶忙给我介绍："这是我们老师。"

那老师也伸出了手："谢谢师父帮忙。"

我更奇怪了："我帮你们什么忙了？"

小明先说："谢谢师父指点，让我设身处地为老师着想。"

老师也说："谢谢师父，几句话就达到了我们多少年都达不到的教育效果。真是听君一席话，胜读十年书啊。"

我请他们入座："到底是怎么回事？"

小明道："那天从师父这里走了以后，我想了一晚上，该怎么理解老师。第二天，我观察我们老师，观察了整整一天。我发现老师对我们虽然很严，其实出发点也都是为我们好。我们孩子都贪玩，不管的话会耽误我们自己的前途，老师说的是有道理的。正好赶上写作文，我就把自己的想法都写了进去。"

老师接道："我一拿到作文，就发现这孩子变了。原来处处跟我作对，看到我就苦大仇深，现在居然也能从我们老师的角度来看问题了。印象最深的是作文中的一句话：'一个班就像一个大家，当家的人虽然有这样那样的缺点，但归根结底他是希望这个家好的。'我真没想到这话能从这样的孩子嘴里说出来，当时鼻子就发酸，立刻把他叫到了办公室。"

小明接道："我还以为老师要处分我，没想到他上来就跟我说，这个家不好当。一开始他就想让我当宣传委员，是我自己不想干，没办法才选了别人。他问我为什么不肯帮他，问得我哑口无言。"

老师又说："我告诉他，你们都觉得我是凭关系上来的，没有什么真本事，谁都瞧不起我，我说什么话大家都反感。可是你想没想过，不管我怎么坐上的这个位子，现在这里就是我的家，我能不想干出点儿成绩来吗？你们看不起我没关系，不能耽误你们自己的前程啊。"

小明说："没想到老师能跟我说这些掏心窝子的话。他还请我提意见，出主意，怎么能把工作干得更好。他说要私下请我当他的助理，当他背后的诸葛亮，代价是每个礼拜请我吃一顿麦当劳。"

我差不多听明白了，问道："老师啊，您不是说我是敌对势力、幕后黑手吗？"

老师的脸一下就红了："对不起啊，师父，都是我不好。我当时只想着必须把这帮孩子吓唬住了，不然对不起他们的父母。"

小明也帮腔："也怪我，非得在学校跟管理学生的老师过不去，换谁也容忍不了啊！"

我笑了："瞧你们，原来势不两立跟敌人似的，现在说话都一个鼻孔出气了，我还瞎掺和什么呀。"

老师忙说："没有没有。我来是想请师父答应，以后再遇到什么问题，能帮我指点指点呢。"

小明也说："以后我也有很多事情要请师父帮忙呢。"

我大笑："不用啦！以后你们什么事情自己商量着来，就没有过不去的火焰山。"

让你终身受益的智慧:

烦恼是一种养料,只要你能从中学习,就可以更加了解自己,也更加了解别人。

所谓忍,不是要你咬牙含泪强忍,而是放下一时的意气之争,努力领悟,寻找自己的更高境界。

第三篇

建立你心中的
防火墙

建立心中的防火墙，对外容纳一切，则不惧、不怨、不遭妒、不结仇

某笑星找我，说最近心里不踏实，越来越恐慌。

我奇了："您如今什么不干也几辈子花不完，还有什么不踏实的？"

"我也不知道为什么，所以才来求师父指点。"他很诚恳。

我一下来了好奇，想要问出个所以然来："那我问你，你怕老怕病吗？"

"这个没事，我知道自己身体啥样。那年得病，我就觉得自己要回去了。现在的时间都是老天爷多给的，其实，我时时刻刻都准备着呢。"

"难道你是怕惹官司，怕人告你？"

"这也没事，都有经验了。"

"你就不怕有人调查你的财产？"

"别的不敢说，我的钱都是血汗换来的，随便查。"

"难道你怕观众不喜欢你？最近不是好多人批你恶俗吗？"

"师父有所不知，我们这个圈子，越恶越俗的越有市场。现在流行恶搞这个，恶搞那个，其实，我当年就是靠恶搞起家的呀。只是咱的恶搞比较高级，就成了艺术了。"

"此话怎讲？"我有点儿好奇了。

"表演艺术，为什么能叫艺术？为什么不叫模仿秀呢？为什么我整一个电视剧，收视率就老高呢？就是因为人们更喜欢我表演出来的生活，它远远超过他们自己的生活。"

　　"为什么人们就能喜欢你？"

　　"因为我把他们心里的东西放大。我表现人性中的各种缺点，这些缺点每个人身上都有。他们平时藏着掖着不敢露，到我这儿一看，真共鸣啊。因为我不戴有色眼镜，我不说这些东西不好，我说人就是这样。"

　　"你这不是教人学坏吗？"

　　"师父啊，我就是个卖艺的，有何德何能教别人学坏？"

　　"你就不能整点儿积极向上的东西吗？"

　　"我整过，我真整过，可是老百姓不愿意看呀。"

　　"老百姓怎么还不愿意看呢？"

　　"整这种东西，我就得树立正面形象，含沙射影捎带一点儿就够了。可是老百姓一看，就觉得虚假，人家当然就不买账。"

　　"所以后来你就不敢涉及严肃话题了？"

　　"对呀，我这行业要在过去，也就是皇帝身边插科打诨的一个弄臣，你总不能指望小丑去忧国忧民吧？他也没那个功能啊！"

　　我连连点头："我明白了，你这么多年顺风顺水，不翻船，还真是因为看准了自己的位置。"

　　"那当然了。比我厉害的不是没有，多少年都出不了头，不就是因为得罪人了吗？"他慨然长叹。

　　"后来你指点年轻人，也是因为不希望他们再走弯路？"

"是啊！我帮不了那些老前辈，总可以拉着他们的徒子徒孙吃一碗饭吧。不过，到我这里有一条规矩，你再能、再有想法，必须按照我画的道道儿来。要还是想要批判这个批判那个，那就只能请你走人！"

我又有疑惑了："那你说，你是帮他们还是害了他们呀？本来人家还能成为有良心的艺术家，却被你给整庸俗了。"

他一下急了："这话太重，我可担待不起。我这里来去自由，我又没拿枪顶着你脑袋，逼你如何如何，不愿意你可以走啊。我也知道能人在民间，就是吃不饱穿不暖，谁看不顺眼都能揍你一顿，而且注定出不了头。他们都是受够那种日子才来投奔我的，而且都管我叫恩人！"

我连忙把话拉回来："按你说的，钱也不缺，路也走对了，徒弟满门，也把自己做大了，还能有什么发愁的事啊？"

只见他一声叹息："如今我呀，名也看淡了，利也看淡了，就想留下一些长久的东西。"

"你把事业做成了产业，还不长久？你一生留下这么多作品，还不长久？"我问道。

他摇了摇头："师父我怕啊，怕有一天房倒屋塌。"

"此话怎讲？"

"我这些徒弟谁也不服谁，多少矛盾都得我来出面摆平。我也试过撒手不管，三两天他们就能整出事来。你让我怎么放心得下？"

"想这么多干吗？你总有撒手那天，他们混得好坏，那就是他们的造化。"我安慰道。

"行，不管他们，儿孙自有儿孙福，但我总得顾及点儿自己的名声吧。"

"你现在的名声不是如日中天吗，又有什么可担心的？"

他又叹了口气："话可不是这么说啊。我也承认，我的笑料越来越低级，观众越来越不买账了。"

"没事啊，没有最低，只有更低，这条路风光无限好呢。"我语带讽刺。

"然后让别人看的时候哈哈笑，看完了骂我王八蛋吗？"

"这不就是你追求的目标吗？不敢碰这个，不敢碰那个，最后你还能剩下个啥？"

他一下变得悲哀起来："师父呀，经济形势好的时候，大家就是需要点儿娱乐，我这么做是没有错。可是往下看，形势越来越不乐观，人们的心里都压着事，让他们笑越来越难。我怕自己再出不来打动人的好作品，怕我风光一世，到头来落得狗屁不如。"

"这怕什么，大不了收山不干，你也该享享清福了。"我安慰道。

"不行啊，那么多人等我吃饭，那么大的盘子等着我添火加柴，靠的都是我这点儿名声啊。如今真把我逼上了绝路，往上走够不着，就只能一步步往下出溜，再大的家业又能撑上几年？"

"你怕什么，你现在几辈子都花不完啊。"我笑道。

"真不是您想的那样。我风头冲的时候，谁都会让一步，不跟我较劲。一旦走上了下坡路，落井下石、秋后算账的全得找我。所以，我现在根本没有选择，只能强撑啊。"他哀声道。

"有那么严重吗？"我问。

"就说我这些徒弟，表面上都叫我师父，背后拿谁的钱能让你知道吗？看我眼红，想拿我开刀的人都不止一拨。该弄的证据，准备的工作，人家早都弄好了，就等着看我笑话呢。只要我扛不住了，趁火打劫的立马全上。"

"树大招风啊！"我叹道。

"可不是，我算看透了！有钱了，别人会算计你的钱。有名了，就有人想诋毁你，扳倒你这座山。老天爷要是不给我那么大的才能，我就没有这么大的灾祸。别人只能看见我一时的风光快乐，却看不到我背后的胆战心惊。更何况一步走错，我就会满盘皆输啊！"他说着说着，流下了眼泪。

我笑了："你真的明白了吗？"

"师父，我骗你干吗，现在我真是宁可什么都不要，只求能落个清闲。"他抬起头，眼里充满了期待，"请问，我还有机会吗？"

"机会一直在等你啊，就等你明白的这天。"我笑意更浓。

"求师父赐教。"

我只问了一句："什么是你最初的梦想？"

只见他身子一震，凝神思索了起来，许久不再开口。

我默默看着他脸上的喜怒神情，仿佛在欣赏人的一生。

过了一会儿，他才回过神来："你一句话把我点醒了。"

"你明白什么了？"我问道。

"我从开始就是想给人带去欢乐，抚平人们心里的忧伤。

每次成功的作品，都在笑声以外给人留下了很多回味。虽然表面上我在插科打诨，但是骨子里都有着对人的关怀啊。"

"现在你就没有了吗？"

"不能说一点儿没有，但是真的少了很多。我们搞文艺创作的，都需要花时间磨一部作品。如今摊子做大了，演出增多了，创作的时间就越来越少，没办法只能掺水。水掺多了观众当然就不买账，我又能怪得了谁啊。"

"明白了就好。"

"做文化的，创作永远是第一位的。我虽然按企业的方式管理，但是在制度上并没有保证创作的核心地位，这是我今天最应该反思的啊。我回去要给他们开会，重新调整内部的管理方式，包括在利益分配上，都应该对创作重视起来。"

"很好，还有呢？"我含笑点头。

"还有，社会形势总是在变化的，我们做文化的应该主动去迎接挑战。我的观众们压力越来越大，我就应该用作品对他们关心的问题给出回答。"

"你不是怕惹麻烦吗？"我反问。

"谁都怕惹麻烦，但是不能因为麻烦就不去表达。我可以不去针锋相对地抨击现实阴暗面，但是最起码，可以表现出最基本的人性关怀。做娱乐的，永远该把笑中带泪作为我们最高的精神追求啊！"

"这样对社会有用吗？"

"当然有用了。矛盾冲突的双方，我用笑声让他们和解。百姓心里的不爽，我用笑声帮他们释放。领导有很多问题也是在摸着石头过河，我为什么不能在笑声中给他们善意地提个醒呢？"他越说越激昂。

"你怎么到老又想承担社会责任了？"我笑问道。

"年轻时候胆小，经验也不足，想做也没有本钱。如今小树苗已经长成了参天大树，就应该成为社会的栋梁。"他意气昂扬。

"就您这岁数，您这身体，还吃得消吗？"我善意地提醒了一句。

"没事，死也要死在路上。更何况我只要把架子搭起来，方向指明白，那么多徒弟都会跟着走的。等到有天我不在了，留给他们多少钱，都不如留一条路给他们，他们一定会创造出自己的辉煌。"

"你这真是老夫聊发少年狂啊！"我笑道。

"哪里哪里，还是师父让我返老还童了。"他终于爽朗地笑了起来。

让你终身受益的智慧：

盛极必衰。

要想不走下坡路，就得敞开胸怀，勇敢接纳新的使命，让你的生命再次燃烧。

先容纳现实中的一切丑恶，才有资格寻找光明

某君仕途受阻，找我请教为官之道。

我给他写了个"容"字。

他左看右看还是参详不透，非要让我讲讲。

于是我问："什么是为官大忌？"

"不能得罪人呀。"

"如何才能不得罪人？"

"打官腔呗。"

"错了，"我笑道，"官场之上，谁对谁都有提防之心。"

"是呀，"他连连点头，"怕别人害我，所以对谁都得小心客气，遇到什么事都不能出头，就怕别人不满意。"

"你谨小慎微，就能得到别人的信任吗？"

"也不行啊，表面上他们都在跟我打哈哈，背地里谁也不会相信你。"

"那什么样的人他们才会相信？"

他挠着头想了半天："我觉得他们谁也不会相信的。就连我自己，也是谁都不相信，没有永恒的朋友，只有永恒的利益，为了利益出卖老子都可以。"

"这话怎么讲？"

"为了工作需要嘛，为了成绩嘛，有时候就得大义灭亲。"

"要是万一工作需要挖你祖坟，你也要大义灭亲吗？"

"那是当然。"

"这么说，你们那个圈子里，对别人的看法，就是谁都有可能出卖自己，只要有机会？"

"那当然了，我们这里是铁打的营盘流水的兵。今天你整他，明天他整你，你下去了正好给别人让地方，谁也不能怪，只能怪你玩得不好。"

"那怎么才能玩得好呢？"

"就是一条，无论如何，不能有把柄落到别人手里，不然迟早要出事。就算没有直接牵扯到你，别人出了事，他为了减轻处罚，也得检举揭发。只要有把柄落在人家手里，你就是死路一条。"

"听你这么说，好像是定时炸弹啊？"

"差不多。尤其我们这些有个一官半职的，能平安退休的还真没几个。别看台上这些人表面风光，一旦出事，不光吃了多少全得吐出来，能不能保住老命都很成问题。"

"可是我听说，不怕装错兜，就怕站错队呀。"

"没有这回事。你真出了问题，谁也不会保你。尤其我们这些芝麻绿豆大的小官，都是谁也不敢得罪，都希望自己脚踩好几条船。可是没有用，每年照样有一大批被抓出来。我们根本进不了大人物的核心小圈子，在他们眼里算是个屁！"他愤愤道。

我笑了："看起来你还挺明白的，怎么就想不开呢？"

他还是一头雾水："怎么想不开了？"

"你看到了当官的难，怎么就没有看到解决的办法呢？中间就隔了一层窗户纸呀。"我笑道。

他一听，马上正色道："求师父开示。"

"你也说过，只有永恒的利益，答案就在这里。"我故作神秘。

"怎么，让我送礼吗？"他疑惑道，"我就是想送，也得有门路才行啊，凭什么人家就敢收？"

"你想哪儿去了？"我忍不住笑了，"那些被查被抓的官员，难道都是吃独食的吗？"

"那我就不知道该怎么维护这个永恒的利益了。"他挠头道。

"我不是让你给人送礼，我是让你对人有用。"我一语道破。

"此话怎讲？"他一下来了兴趣。

"当官为了什么？"

"为了升官呀。"

"升官靠的什么？"

"这个背后的因素就有很多了，但是第一条，你得做出成绩。"

"对了，就是这个。我就是让你帮别人出政绩。"

"啊？别人都出了政绩，我不就成了垫脚石了吗？"他又不懂了，"我们圈子里净是背后使坏下家伙的，哪有真心帮别人的？"

"就是因为没有，所以这条路谁走谁赢。"我笑道。

他若有所思："求师父再详细讲讲。"

"都说数字出官，做官就必须搞出成绩。"

"对呀，没有数字就保不住头上这顶乌纱帽。"他深有同感。

"我要你帮别人，是做出实实在在的真成绩。"

他又犯难了："真的成绩可不好做呀。我自己都挠头，还怎么去帮别人？"

"我问你，真成绩最难在哪里？"

"很多事情都要各部门之间的互相配合，都不是一个人能说了算的。"

"对。所以你主动为别人想，主动配合别人，别人就会回报你。"

"有道理啊，"他有点儿明白了，"最起码，他们也不会故意跟我过不去。如果我在一个位子上能调动大家的资源，做起事情也会顺手得多呢。"

"我说的就是这个意思，你要在你的职权范围之内，尽最大努力，帮别人做出实实在在的真成绩。"

"可是谁都会弄虚作假，我去帮别人做实事，人家会领情吗？"他还有疑惑。

"撒谎不是天生的，如果说真话可以得到同样的好处，他为什么要撒谎呢？"我反问道。

"也对啊，"他恍然大悟，"不管能不能做成，反正我是在帮你。我不用管你撒了多少谎，做了多少坏事，我只是给你一个做好事的机会。只有真正为你好的人才会这么帮你，是个人就会感动呢。"

"这可不光是对平级，上下级也可以这么干的。"我又点了他一句。

"帮上级做出实实在在的真成绩，这是只有死党才能给他做到的事情啊。我这么做了，不就成了他的死党了吗？"他喃喃自语，"对下级不再一味地下命令、加压力，扶着他们往上走，把他们当成自己的兄弟，就能彻底激发出他们的创造力。有我这个大哥罩着，他们就敢去冲锋陷阵，敢冒枪林弹雨。不错不错，您说的还真是一条路啊！"

"这就是容的真谛，"我总结道，"你要包容别人所有的缺点和问题，努力去发现他们的优点和闪光的地方，激发他们的正能量啊！"

"对对对，"他连连点头，"看不惯别人的不好，那我也不用跟人家学坏，我得让他们跟着我学好。你再怎么防范戒备我，我就是好心对你，你总不好意思一再拒绝吧？只要你用我帮你，那就得跟我说出你的心里话，最后还不是有把柄落在了我的手里？"

"别别，怎么又回去了？"我伸手拦道，"钩心斗角这套东西你可以有，但是千万别带出来，帮人就实实在在地帮。如果真有人要害你，到时候再用也来得及。而且你会发现，你真为别人好的话，谁都不会害你。"

"此话怎讲？"他一脸的虔诚。

"官场不是一个人的天下，谁都希望扶植自己的党羽。只要你时时处处与人为善，你就对谁都是最放心、最信得过的人，他害谁也不会害你。"

"可要是领导之间互相掐呢？"

"是有这种情况。你要尽量帮他们化解矛盾，让他们暂时放弃前嫌，联手把事情干成，这样才最符合双方的长远利益。"

"有道理有道理，"他连连点头，"不管谁要和我拉帮结派，我都要守住自己的底线，那就是对谁都好，帮大家越走越好。这样不管你赢他输，不管谁上去，我都会成为他最倚重的元老。"

"是啊，宽容不是没有自己的主心骨，你得站稳脚跟才能做人。"我总结道。

"然后如果职位有了空缺，下面的人明争暗斗的时候，我努力去帮他们，减少内耗，不让他们的矛盾影响到工作。领导一看，这个人真能顾全大局，也只有他才能服众啊，我不就有机会了吗？"他说得越来越亢奋，居然兴高采烈了。

"你怎么还是官迷啊？"我连连摆手，"这个事不用去求，只要你做到了，机会自然就是你的。"

"是啊，如果不让我上，别人都会打抱不平，因为谁也没有我的人缘好，我当领导大家都舒心……"

"错了错了，"我又赶紧让他打住，"会有人为你说话，尤其在各方势力僵持不下的时候，你是一个大家都能接受的折中方案。但是你不要考虑这个问题。你该做的，就是把事情做好，尽量放下个人的那点儿利益。你把名利看得越淡，最后才能得到的越多。"

"是这样吗？这又是什么道理？"他又疑惑了。

"因为现在谁都为了自己，没人管这个大家，可这个家还得有人管啊。不管别人再怎么折腾，再怎么乱整，到最后还得有人出面收拾残局，那个人一定得有顾全大局的能力。只要你按我说的一直走下去，到最后当家的就得是你。"我一语道破了天机。

让你终身受益的智慧：

只有先容纳现实中的一切丑恶，才有资格带领大家寻找光明。

志得意满时需忧虑，喜气洋洋时需惊惧

某富二代常花钱和一些女明星乱搞男女关系。

我不喜欢听他那些事情，但还是找了个机会点了他一句："难道你不知道，现在已经是女人玩弄男人的时代了？"

"这话怎么说？"他不解。

"两性关系应该是平等的，为什么男人要给女人钱？"我一语道破。

"您的意思是，谁给钱谁被玩吗？我还真没听过这种说法。"

"再换个角度问你，一个女人一辈子要和多少人上床？你在她心里算得上老几？你是没少花钱，但是钱买来的，到头来还是虚情假意。"

他有点儿明白过来了："对呀，搞一夜情她也HAPPY（高兴），凭什么我给她钱呀？"

"更要命的是花钱买不来尊重，她背后还得骂你傻呢。"我火上浇油。

他挠了挠头："还真是这么回事，我花钱让她看笑话，凭什么呀？"

三个月后，他又来找我："大师我已经改了，再也不玩女明星了。"

　　"哦，难得难得。"我点头道。

　　"我准备娶一个女明星当老婆。"他得意扬扬，"我要她对我死心塌地，什么事都听我的。"

　　"恐怕不太容易。"我摇头道。

　　果然，后来他办了场轰轰烈烈的婚礼。还在蜜月期间，他就给我发了条短信，说他已经开始揍新娘子了，这女明星揍起来格外解气。

　　我给回了四个字："乐极生悲。"

　　半年以后，他又来找我了，哭丧着脸。他说老婆搬回了娘家，给他寄了律师函，提出离婚，并要分他的财产，看上了他在外地开的分店。

　　我奇了："你们不是在国内办的手续吗？难道没有做个婚前财产公证吗？"

　　"您不知道啊，他们这是蓄谋已久了！"

　　"怎么回事？"我好奇了。

　　"首先他们是取证，食品原料不安全的证据也有了，都不用报官，随便找个媒体炒一炒，我都得倾家荡产。另外，我每次打她，她完了都去验伤，手里证据一大把，判几年都够了。我哪知道她给我演的是苦肉计啊！"

　　"这事没那么严重吧？以你们家的实力，稍微走动走动，还不是大事化小？"

　　"可要是捅上媒体，那就是新闻，我一旦成了典型，还有谁敢帮我说话？再说了，这事要是传了出去，搞坏了我们家的名声，我们也伤不起呀！"

"也就是说，把柄在人家手里就能整死你？"

"对呀！人家已经下了最后通牒，还说我们是癞蛤蟆想吃天鹅肉。"

"你也真是，就不能忍让一些？还真打呀？"

"她老给我拱火，不打行吗？再说了，她老说她有重口味的嗜好，我哪知道这是陷阱啊？"

"何谓拱火？"我有些好奇。

"张嘴闭嘴就提以前的男朋友如何如何，最可气是给我过生日都安排在和前男友幽会的饭店里，你说我能不来气吗？"他越说越委屈。

"如今这种情况，你们也只能破财免灾了。大不了割几个店给她。"我也没有太好的办法。

"哪里是几个店这么简单？人家还要了天价的赔偿费。要么就整得我倾家荡产，要么就让我赔到倾家荡产，我怎么都是死啊！"

"横竖一死，干脆就和她拼了！"

"我哪有本钱？小命都攥在人家手里了。求师父指点，无论如何救我一命啊！"

我笑了："现在你知道明星不是那么好娶了吧？"

"师父啊，当初是你不让我玩明星，我才动了娶明星的念头，您可不能见死不救啊！"他"扑通"一声跪了下来。

"怎么还怪起我来了？当初你打新娘子打得过瘾的时候，记得我是怎么回你的吗？"

"您说乐极生悲啊，都怪我，没听您的教诲。"说着说着，他抽起了自己大嘴巴。

我就这么看着，直到他脸颊打出了一片血红我才拦住："够了够了，先起来再说。"

"师父您不帮我，我就不起来了！"他还跟我要上赖了。

"我帮你还不行吗！"我无奈点头答应。

只见他咚咚咚连磕了三个响头："我们全家老小，永世不忘您的大恩大德！"

"其实，你们这是狗咬狗，本来我也不想管。"我又拿了他一把。

他刚要站起来，一听这话，立刻又跪了下去。

"他们做的也实在过分了点儿，我才答应帮你。不过话说在前头，该赔的钱还是得赔，最多能让你少花点儿，也算你买个教训。你能答应吗？"

"答应答应，您说什么我都答应，只要能给我留条活路就行。"

"先把她要的店送给她，明天就去办手续。我要你登报，大张旗鼓，公开向你老婆表示歉意，希望用这个店来挽回她的心。"

"您是让我自己揭自己的短吗？"他疑惑了。

"错了，这是堵她的嘴。只要她吃下去了，这就是她自己的生意，砸你的牌子也等于是砸她自己。你不要提家暴的事情，你只说口角，说你是因为妒忌。别的什么都不用说，人们自然会猜她红杏出墙，然后舆论就会一边倒地同情你。"

"那我登报的事情，用不用先跟他们商量啊？"

"你傻呀，当然不能商量了。你去就是办过户的手续，手续一到位，立刻登报道歉，措辞诚恳，打她个措手不及。"

"那她跟我要钱怎么办啊？"

"你先满口答应下来，说正在准备，一时也拿不出那么多现金。只要过了一个礼拜，你道歉的事情发酵起来，你就能跟她摊牌了。"

"怎么摊牌呀？"

"先去给人家道歉，希望重归于好。这个过程一定要录下来。再者说，店已经给她了，吃也吃了，不想原谅凭什么要你的店呀？只要取到了证，你就可以和她坐下来谈了。"

"该怎么谈？"

"你就拿着这个视频问她，如果这个东西在网上公开，对她的公众形象会有什么影响？就算你有一千个错，她也不应该这么没完没了的。关键是只要这个视频公开，她所有的心机就大白于天下，毒妇的帽子摘都摘不下来。她要是还想再公布你家暴的证据，那就等于是把自己的心机给坐实了，别人都会说她是预谋好的。毁了她的名声不说，连她已经到手的那家店都会受到公众的抵制，没多久就得关门。到时候低价收购回来，还是归你。"

"我明白了，师父，您这是以其人之道，还治其人之身。可要是她早有防备，我去道歉的时候她答应跟我重归于好，那我该怎么办呀？"

"她会演戏，难道你就不会吗？你就扮演一个痛改前非的好丈夫，偷偷搜集对她不利的证据，这点事还用我教你？"

　　"对呀对呀，"他连连点头，"只要她能回到我身边，不整死她我都出不了气！"

　　"说什么呢！"我挥手拦住，"咱们不是说好了吗，就当花钱买教训。你是还想做伤天害理的事吗？"

　　他的脸一下红了："不是，不是，我说的是气话。"

　　"经过这件事，你也该悟出点儿道理了吧？"我脸色缓和了下来。

　　"就是就是，我明白了女明星不光不能玩，更不能娶。"他连连点头。

　　我又好气又好笑："我说的不是这个，你自己错在了哪里？"

　　"我净想着让自己舒服过瘾了，哪有那么便宜的买卖！"他正色道。

　　"有点儿接近了，"我说道，"因为你的身份，多少人都想算计你。以后再碰到突如其来的好事，你得先看看是不是诱饵，里面有没有藏着鱼钩啊。"

　　"就是就是，天下真是没有免费的午餐。"他连连点头。

你可以更彪悍地应对世界

让你终身受益的智慧：

人都在追求快乐，可是当快乐真的来了，你要小心。

好事和坏事一样，都需要你小心戒备，因为它更容易让你错误地估计自己。

卸下心中的包袱，反而能有一个新的开始

老王做成了企业，但是觉得很累，找我抱怨。

"难道这不是你想做的事吗？"我问。

"开始是的，但是到了后来就变了味儿。"他感慨道。

"怎么回事呢？"我有点儿好奇。

"刚把事情做成，老婆就说，我娘家的亲戚没什么事情干，叫他们过来帮忙吧。我一想，公司正在发展，正好需要用人，为什么不帮家里人呢，就痛快地答应了下来。"

"这不是挺好？"

"开始还挺好，什么事我也手把手教他们，毕竟是自己家里人，用着放心。可是后来，老婆又说，这个职位经常和钱打交道，那个职位关系着公司的命脉，用外人不放心。我想也对，有油水的位置用家里人，起码也是肥水不流外人田啊。"

"这倒也没错，中国的家族企业不都是这样吗？"我点头道。

"随着公司的规模越来越大，我也认识到了人才的重要性，不惜重金从外面请人才。这样一来，家里人就不愿意了，说我分不清里外，搞得我越来越烦。"

"你也是为公司好呀，时间长了他们会明白的。"我安慰道。

"问题是他们永远不会明白！"他发作了，"任何企业在发展过程中都会积累问题，尤其是小企业慢慢做大，小的时候还不明显，大了就非常严重。"

"有问题没关系，想办法解决不就行了？"我还在安慰他。

"我也想啊，掏心掏肺请人帮忙，结果不到一个月，人家就撂挑子了。"

"怎么回事啊？"

"人家走之前跟我谈了一次，说得我哑口无言。"

"怎么说的？"

"他说，任何企业的问题都是由中层管理者造成的。要想解决问题，就必须触动他们的利益，就算不让他们承担责任，至少也要保证他们不再给公司继续制造问题，必须要削弱他们的权力。可是你任人唯亲，关键位置用的都是亲戚，我惹不起还躲得起。"

"那你怎么回应呢？"

"我说我想改，你触动谁的利益都没关系，我一定会保你。他听了这话，给了我一个名单，说这些人阻碍着公司的发展，你敢动他们，我才能帮你，你先做他们的工作吧。"

"哪些人啊？"

"我一看，一半都是家里人，怎么弄得了？我也知道这些人水平不够，他们阻碍着创新，阻碍着公司的发展，但是我也没办法啊。"

"最起码你是老板，你让怎么干就怎么干呗，家里人总得听你的吧。"

"师父您不知道，摊子做大了，我不可能每件事都亲自拍板呀。我在的时候当然听我的，可是我不在的时候，他还得维护他的面子呢，他就不允许下面的人顶撞，就不允许别人比他强。你觉得往东是为了企业利益，他说往西也是为了企业利益，你怎么掰扯得清呢？"

"反正都是内部矛盾，家里人最起码没有外心。"我继续和稀泥。

"他是没有外心，可是他就担一百斤的水平，你非让他担一千斤的担子，他也承担不起啊！"

"这个好办，有多大能耐办多大事呗，可以降级使用。"

"我也真想过，可是老婆那关就过不去。她说我怎么能连自家的兄弟都不相信，反而相信外人。她说我要是真这么干，就是在打她的脸，让她在所有亲戚面前都抬不起头来，所有亲戚都会在背后戳她的脊梁骨。你让我怎么办？"

"这事不难啊，"我笑道，"你是老板，你说了算，就按自己的想法去做，她最多就闹两天而已，不可能真正离开的，再说她离开了也没有地方去。"

只见他一声长叹："师父您不知道，老婆为我受了不少苦，我一直觉得对她有亏欠。我千辛万苦培养一个兄弟，她非要我开除人家，我二话不说就签字了，签完了我的心都滴血。"

"这就是你的不对了，这不等于是自断左膀右臂吗？"

"断手断脚算什么，把命给她我都愿意。后来我也想通了，这个企业就是给她帮助家里人用的，什么时候黄了什么时候算，古代的皇帝为了女人可以放弃一个国家，我为什么就不能放弃一个企业呢！"他越说越愤慨。

"你培养的那个兄弟后来怎么样了？"我连忙岔开了话题。

"这个倒没事。我把所有本事都教给了他，又把他一脚踢了出去，人家当然就自己飞了，现在做得越来越好，已经成了我们最大的竞争对手。他走的时候，我就跟他说，好好干，什么时候打垮了我，我才真的佩服你！"

"你还真是分不清里外，难怪你老婆说你。"我笑道。

"话不是这么说，我做这个企业是有我的理想的。如果我自己实现不了，让我的徒弟最后实现了，我还是一样开心，还要感谢他呢，感谢他帮我完成了理想。"他叹道。

"你不是挺明白的嘛，那你还愁什么？"我反问。

"我愁我自己啊！做事业做不痛快，哄老婆老婆也不开心，空有一个架子，眼看撑不了几天，我这辈子算什么事啊？"

"你不会接着往前走吗？看到问题可以解决啊。"我安慰道。

"我前面没路了，都把我卡死了，往左往右都不行，再怎么挣扎也还是一死，不过晚几天而已。"他面露颓唐。

"既然往前走不了了，你可以往回看呀。"我笑道。

"您这是什么意思？"他有些疑惑了。

"事业不痛快，家庭不痛快，起码你还有自己呢，你可以找你自己的痛快。"

他的表情一怔，仿佛一记闷棍打在了他的头上，半晌才说："是呀，我跟他们较什么劲呢？"

我问他："你还有什么想做的事情吗？"

他眼神露出向往之色："我从小就喜欢登山，想登遍世界名山。"

"那就去吧！"我鼓励道。

两个月后，他给我寄来一张照片，说这是乞力马扎罗山上的一个路牌，上面还有子弹孔。他一看到就非常震撼，坐在那里回顾了自己的一生。他说下一步要去航海，用无动力帆船，乘风远扬。

半年以后他又来了，黝黑的皮肤，胡子拉碴，但是精神焕发。

我问起了企业的事。

"这个呀，终于让他们给折腾黄了，欠了一屁股债。还好我当年的徒弟拉了他们一把，把公司收购了，承担了所有债务，还给了他们一大笔安家费，也算得上是皆大欢喜。"他平淡地说着，就好像是说着别人的故事。

"老婆还骂你吗？"我又问了一句。

"这个倒没有，她最后也明白了，还非常感谢我那个徒弟。我在外面的时候，她非常担心我的安全，还说要陪我一起去爬山呢。"他爽朗地笑道。

"出去走了几天，感情反而好了？"

"是呀，仿佛又回到了当年恋爱的时候。我们都订好了计划，以后就一起周游世界了。"

让你终身受益的智慧：

人在往前走的时候，包袱和负担会越来越多，总有一天会走不下去。

如果把这些都卸下来，反而能有一个新的开始。

愈是争强好胜，最后输得越惨

有一个庞大的家族企业，是航空母舰级别的，老总最近却遇到了麻烦，找我请教应对之策。

　　他说："我爸最近退休了，把这摊子事交给我，责任重大啊，请师父指点。"

　　我笑了："这事你心里该有应对。听说你也锻炼了多年，通过了重重考验，才坐上今天这个位置。好像你哥哥一直被人看好，这回他怎么下去了？"

　　"唉，家丑不可外扬，我也就到您这儿说说。我哥这人太精明，工于心计，他连我爸都敢算计。爸爸一直对他忍让三分，故意不把事情点破，希望他能悔改。爸爸让人调查他的下属，目的就是点醒他，该收手了，没想到他却怀疑是自己的下属出卖了自己，对人家打击报复，搞得人家实在没有活路了，才豁出去，把事情全都捅开了，闹得满城风雨。到最后，公司上下都知道了我哥的计划——等我上台之后，先对我诽谤污蔑，再把我控制起来，他要坐我的位子。事情到了这一步，我爸再想护着他也不行了，对公司上下都没法交代，不得不把他赶出了公司。"

　　"哦，既然你哥走了，你也顺利接班，还有什么发愁的呢？这么多年，你也有自己的想法和计划吧，上来了不正好可以实现自己的抱负了吗？"

"我上来才知道谈何容易。那些退休元老都说要为公司保驾护航，可是有人让我往东，有人让我往西，把我夹在中间，你说我能怎么办？"

"你是怎么办的？"

"我没办法，只能公布一条规定，退休元老不能再干涉公司具体业务。"

"这不挺好的吗？"

"可是话音刚落，我大伯就去分公司视察，还要求内部刊物报道。这不是打我的脸吗？"

"可能人家不是故意的，你也不用往心里去。"

"我是可以不往心里去，可是这一件事就让我的威信受到了巨大打击，往下的工作怎么开展？"

"这也好办，新官上任三把火，你得先做些事立威啊。"

"我也想，但这也不容易啊。"

"你准备了这么长时间，就没看到企业的问题在哪里？对症下药不就行了。"

"病我倒是找到了，但这药却不好开呀。"他无奈道。

"为什么？"我有些好奇了。

"家族企业里，管事的都是家里人，企业的钱就是我家的钱，我家的钱就是我的钱，所以自上而下，大家都在往自己的兜里捞钱，这就是症结所在。"

"上面的捞点儿还情有可原，下面的怎么还捞呀？"

"这就叫上梁不正下梁歪，风气已经坏了，最底层的员工都会占企业便宜，连清洁工都会偷东西拿出去卖钱。"他感叹道。

"那你就不会抓一下，树个典型，让大家知道规矩已经变了？"

"我也想啊，可是光打下面的苍蝇、蚊子没有用，要打就得打上面的大老虎，不然没法服众。"

"那你就打呀！"

"你让我怎么打？"他似有难言之隐。

"有什么难处吗？"

"比如我堂弟就可以当这个典型。可是，他爸也就是我二叔，二叔会说，这是我们家欺负他们家，大家都往兜里揣，凭什么非拿他家开刀？"

"那你就换一个。"

"换谁都一样啊，上面的都是家里人，谁都没法动。可要是不动家里人，下面的还真不服。师父能给我想个办法吗？"

我故意转移话题："你对那些贪污的兄弟姐妹怎么看？"

"我恨呀，恨他们拖累了整个企业。"

我笑道："佛可不这么看。"

"哦？佛是怎么看的？"

"佛用慈悲看问题，做坏事的人是在害自己，他们才是最可怜的。"

"可是，他们自己不知道，他们自己不明白！说深说浅，明的暗的，我什么招数都使过了，可他们就是一条道走到黑，就是不想好啊！"

"他们真的不想好吗？"我问道。

"我觉得就是这样。他们自己道德败坏，搞得企业乌烟瘴气，所有人都没有道德了。"

"这话说得不对。"我纠正道。

"啊？师父，您说说错在哪里？"他不服。

"道德就在每个人的心里，是丢不了的。他贪钱，他不会拿着大喇叭去喊，就说明他知道这是错的，这就是道德。每个人都分得清是非对错，区别只是他们按不按照正确的方式去做。"我解释道。

"可他们就是明知故犯，我有什么办法？"

我拿过纸笔，给他写了两个字："慈悲。"

他盯着这两个字看了许久，还是参详不透，于是换个方式问我："师父，如果您下面的人犯了错，您是怎么慈悲对待的？"

我笑了："我看众生都是自己的孩子，孩子哪有不犯错的？"

"那您就惯着他吗？"

"我是这么看的。孩子有时候为什么会故意做一些错事，是因为他需要父母更多的爱。就是用这个错事去提醒父母，你该好好反思一下，孩子到底需要怎样的爱。"

"那您给我说说，那些蛀虫都把我们企业给掏空了，他们还需要我怎样去爱？"他有点儿较真儿了。

"如果你真的爱他们，答案就在你的心里。"我还是不肯点破。

他有点儿急了："师父，您就别跟我兜圈子了，干脆直接告诉我，用什么办法才能制住这帮贪污腐败的浑蛋？"

我笑道："办法倒是有，但是光有办法是不够的。"

"求您先把办法告诉我吧，别的事以后再说。"

"首先，你得想办法让他们把之前吃的吐出来。"

"他们能愿意吗？"

"人都爱财，但是人也惜命。真到命都保不住的时候，他就不能不舍财。"

"您是说，让我在企业里搞出一个类似香港的'廉政公署'来，发现问题直接移交法办？"

"我可没有这么说，是你自己这么说的，我可不给你担这个责任，不当你的幕后黑手啊。"我笑道。

他凝神思考了起来，喃喃自语："这个小组应该直接归我领导，采用一切手段搜集证据，坐实一个处理一个。我批评堂弟不是等于打我二叔的脸吗？这回我也不用批评了，让法院处理，直接就要我二叔的命。"

"你真想这么干吗？"我问道。

"我真想，不这样企业就完了。"

"就是不知道是你要他们的命，还是他们联合起来要你的命。"我一语点破。

"那您说怎么办？难道我就坐等他们搞垮企业，到时候鸡飞蛋打，全都完蛋，只有那些捞得多的可以拿钱闪人，躲到国外去风流快活？"

我又笑了："你还挺明白的，对结局看得清清楚楚。"

"是呀，所以我才着急呀！"

"难道就没有别的办法吗？"我继续点他。

"古今中外，要想制住贪官，都只有一个字，那就是杀呀！"他还真钻进牛角尖了。

"把家里人都杀光了，你就满意了吗？"我可毫不客气。

"真不是我要杀他们，是他们要逼死我啊！"他一声长叹。

"你就不能给家里人留点儿机会？"

"我今天要是给他们留了机会，明天等他们缓过来，要搞我的时候，可是绝对不会留情！"

"明明是一家人，为什么非要搞得你死我活呢？"我还在提醒他。

"古往今来，皇帝的孩子都要自相残杀，来争那个太子的位子啊。家庭、血缘、亲情碰到了赤裸裸的利益，又能算得了什么？"他的态度越发悲观。

"难道除你之外，就没有关心企业前途命运的人了吗？"我马上就快把这层窗户纸捅破了。

他认真想了一下，答道："有倒是有，可也都被牵制住了，处处受排挤，就像我一样。"

"有就行。你回去把他们都召集起来开会，让他们出主意。另外，把我写的这两个字拿去，问他们能不能用慈悲的办法解决问题。"我终于把话说开了。

"这样真的能行吗？"他走的时候还将信将疑。

一个月后，他再来找我。

"我找到路了，多亏师父指点！"他激动地抓住了我的手。

"路在哪里？"我含笑问道。

"上次回去以后，我按师父教的，找了几个关心企业的人问计。然后，他们又给我推荐了别人，新来的人又给我推荐了其他人。我这才发现，我们企业里真是藏龙卧虎呀，比我强的人太多了！他们不光对具体问题的了解比我深入得多，而且都有自己的想法，都有自己的办法。更重要的是，他们都把全部的希望托付给我，只要给他们一次机会，他们为我死都愿意。我何德何能，又何其有幸！"

"其实，他们一直都在那里，只是你没有看到罢了。"我笑道。

"是呀是呀。我把他们的想法综合起来，才真正看清楚了我们企业的真实面貌。"

"什么面貌呢？"

"我们企业就是一个大家，确实有很多蛀虫在腐蚀它，可是也有很多人用辛劳的汗水默默努力支撑着它。原来我以为这个企业是我们家族的，其实不是，它属于所有关心它、爱它的人。我们取得的一切成绩和辉煌，靠的都是这股顽强不息的正能量。"

"你总算是明白了。"

"是呀。终于，我看到了我们企业真正的问题所在，就是因为信息流通不畅，没有把这股正能量集合起来。我也看到了我的使命，就是要让好人抱团，不再一个人孤军奋战，要团结一切可以团结的力量。"

"具体怎么做呢？"我含笑点头，引他继续往下说。

"企业里，大家争的是权力，捞的是油水，这就是传统的业务管理模式。我不直接否定这套东西，但是，要引入另外一套自上而下的机制，叫作信息管理和业务管理双轨化。"

"怎么讲？"

"我要设立专门的信息管理部门，但是他们要走下去，参与到各个项目小组之中。他们没有权力决策，任务就是采集信息。具体说，比如一个刚毕业的大学生，有想法，被压制，我们的人就会鼓励他，利用业余时间把自己的想法写出来，递交到公司高层。信息部门收到这些建设性的意见，一定要逐一回复，鼓励他继续完善，不断地鼓励他，这就是培养人才。"

"然后呢？"

"我也知道企业的问题基本都和中层管理者有关，但是他们支撑着公司的骨架，不好和他们正面冲突。我们可以撒开大网，鼓励培养一切有想法的人才，同时搜集这些中层管理者犯错的证据。等到人才培养成熟，证据也搜集得差不多了，两个人就可以换换位置，刚毕业两个月你就可以给我当主管，而干了几年的主管也可以打回原形。"

"不错，有点儿意思了。"我笑道。

"公司的蛀虫都在高层，他们靠的都是自己的人马，我用这种方法从下面做起，先剪断他们的羽翼。等到下面的人才全面脱颖而出的时候，整个公司的基层就牢牢控制在了我的手里。到那时，高层就剩几个光杆司令了，他们识时务的可以继续留下来，但是得接受我的层层钳制，要是不识时务，就只能哪里凉快哪里去。"

"原来，你是要瓦解他们的权力啊，他们难道不会反抗吗？"我故意问道。

"我知道会有激烈的交锋，但是他们反抗也不会冲着我来，这等于是我的人和他的人在冲突。最坏的情况是我败了，但我的人我一定要保，可以把他调到别的部门去。然后，总结经验教训，换一批更有能力的人再来攻坚，我就不信攻不破他的城池！"

"不错，你的信息部门表面上没有权力，实际却最有权力啊！"我总结道。

"是的，因为我改变了原来的结构，等于是把原来的权力放到了民众监督的水里，渐渐地溶解掉了。"

"这样倒是可以避免正面冲突，可是你就不怕那些元老干涉吗？"我问道。

"自下而上都在给他们输送利益，我这么干等于断了他们的财路，他们当然会不满意。可是我有办法。"

"什么办法呢？"

"一层一层搜集证据的时候，自下而上都有把柄落在我的手里。如果把这些抖出去，他们不但名誉扫地，还得面临坐牢呢。"

"难道你真想做得这么绝吗？"我反问。

"这倒不会。师父教我，做人要慈悲的，我最多只会把证据交给我爸，让他看看他的兄弟们都做了什么。然后我会劝他，家丑不可外扬，家里的问题不要扩大处理。"

我连连点头："不错，你这也算是尽到了做晚辈的孝心。在家里公开就已经让他们翻船了，但是不对外呢，就还是给他们留下了一点儿余地。"

"对那些有问题的元老，我虽然不会降低他们的物质待遇，但是，总要在他们身边安排上自己的亲信。名义上是照顾他们的起居，实际上也是防止他们做出什么不理智的行为呀。"

"你怎么知道你就能够做成？"

"很简单，因为他们做的是错的，做了错事总有一天要偿还。他们一味争权，只顾私利，越是胡作非为，越是给以后的清算留下了证据。其实他们也知道，也恐惧，密密麻麻编织错综复杂的关系网，就是想要躲过报应，可是他们却不知道，报应总有一天要来临。"

"你就不怕他们垂死挣扎，会牵连到你？"

"其实我也怕。但是师父，我不是一个人在战斗，我只要打开这道阀门，让企业里的正能量团结到我的身边，这股能量就会保护我的。退一万步说，战争总会有伤亡，我既然身为统帅，就没有贪生怕死的道理。再说，我也提前做好了安排，就算我真的出了什么意外，也会有人继续完成我未竟的心愿。如果非要用我这条命才能换来企业的新生，没问题，我愿意！"

"好样的，我没看错你。"我由衷地赞叹道。

让你终身受益的智慧：

越是陷入争斗敌对的思维模式，越是争强好胜，最后就会输得越惨。

只有努力包容，团结一切可以团结的力量，才能走得更长远，才能得到最后的胜利。

一个人的时候，要对自己好；两个人的时候，
要对对方好

他在别人眼里是怪胎，我却拿他当儿子看待。

他在初中二年级的联欢会上，捧的是一本竖版精装的陈鼓应的《庄子今注今译》。那个时候，他在北京大学摆地摊卖书，尼采的书全部卖掉，因为已经看完了，捎带着还有《美学散步》和《印象画派史》。

中学时代对他影响最深的，是比较文学教材里的一句话，评价歌德的《少年维特之烦恼》，说是现实中只有在牢房里涂抹墙壁的自由，所以，维特才会把全部理想寄托在女性身上，当最后的希望破灭，能做的只有自杀。他深有同感。

别的男孩儿女孩儿玩早恋的时候，他只固执地追求着自己心中的幻想。他在女性身上寻找的，是绝对足以粉碎一切现实桎梏的力量。只有女孩儿身上偶尔闪现的这些光芒，能给他活下去的力量。他追随膜拜，随时可以放弃生命，只为了她们可以在梦想的天空里骄傲地飞翔。他说我像镜子一样爱你，我就是你心底深处最隐秘的渴望。

他的爱太残酷了，非要那些十几岁的小姑娘和整个世界对抗。其实人家只是喜欢他，从他身上闻到了心灵家乡的味道，可是，人家小姑娘还要在现实中生活，还要做人，还要撒谎。他流着泪说，整个世界加起来也不如你心里光芒的万分之一，你怎么可以对这么丑陋的现实妥协？这里不是你的家，没有你要的东西，你必须把这个世界打碎了重新创造！

最后，每个女孩儿都被他的目光深度烧伤。每个女孩儿都离开了他，也放弃了内心深处与生俱来的光芒。他终于明白，她们心里藏着天堂的种子，但是她们手中没有土壤。所有美丽的东西只有在他的心里才能生存，他用血泪和爱浇灌，他用生命和现实对抗。

在他狂烈燃烧的青春年代，不起眼的角落里，有个小女孩儿默默追随着他，踩着他的脚印成长。他几乎都没有注意到，因为那个时候小女孩儿还小。直到过了很多年，那个缩在黑暗角落默默流泪的小女孩儿终于长大了，有了和整个世界对抗的力量。她的青春一样狂烈燃烧，把现实中的丑陋虚伪平庸贫乏——撕裂，她就看着别人的尴尬难堪气急败坏冷冷地笑。

他看着这个女孩儿，好像自己青春时期所有的眼泪梦想终于有了回报，好像耗尽心血雕塑出的完美雕像突然有了生命，这不就是你多年以来苦苦挣扎几乎绝望的寻找？女孩儿不经意的一句话，都能穿透他层层虚伪直接扎到心上。那种感应、那种契合，说实话，他以前从来都不敢梦想。

可是这么高的契合度，也注定无法走到一起。渐渐地，女孩儿心里有了压力，越在意他，也就越没有自己。他觉得是他走得太远了，人家跟不上。最后他问，你觉得你配和我玩吗？人家回答我不配，从此再也没有音信。

从此以后，他彻底绝望。一生追求精神的契合、心灵的感应，找到了才发现，凭着这些东西走不长。大概是两个人都太有光芒、太有力量，在一起总有一个人会被对方夺走自我，钻石也会在强光的照耀下暗淡无光。他们注定只能短暂相遇又独自出发，注定只能远远地祝福对方找到梦想。

唯一让他欣慰的，是虽然失去了这个人，但却证明了他的路是对的。虽然不能在一起，但是他有了足够的力量完成他自己，难道这还不够吗？一个生命顺着他指出的方向找到辉煌，这要远远好过留在他的身边暗淡无光。虽然两个人都要独自面对现实中的所有黑暗挣扎成长，但恰恰是这些苦难，淬炼出了生命深处坚不可摧金刚不坏的力量。

可他还是孤独，他问，这世上还有没有跟他一样的人，上天就把一个同样的灵魂送到了他的身旁。这个姑娘遇见他就像海绵吸水一样不停吸收营养，有时姑娘说句话他就一愣，想了半天，好像原来他也说过。姑娘的所有想法没说之前他早就知道，看着姑娘蹙眉凝神的表情，听着姑娘急促争辩的语气，他觉得就像原来的自己照镜子一样。他也知道姑娘现在最需要什么东西，干脆竹筒倒豆子，一股脑儿给她这个阶段必需的所有营养。他总爱卖弄自己的小聪明，那姑娘就像慈母一样耐心，默默微笑着欣赏。

他觉得他俩就像双胞胎一样有条无形的脐带，他觉得他俩就像硬币的两面一样无法分开。他隐隐察觉这姑娘心里有一种力量，可以融化现实中的所有隔阂，可以照亮每一处阴影，可以为这个世界带来光明。同时，隐隐地，他感觉自己要被这种力量所毁灭、所取代。

你可以更彪悍地应对世界

　　他相信这是命运，所以，他爱，他奉献，以自己的心为祭品。那一段日子，他的生命像电闪雷鸣一样激烈，像要在一天里烧光一辈子的能量。而最后，那姑娘也像他一样固执，坚持认为她不值得他寄托生命中的全部希望，她配不上他的爱，他不该把他美丽的生命浪费在渺小的她的身上。

　　说实话，他知道这个结果，从一开始就知道。他的心里也有一样的自卑和绝望，不认为自己配得上拥有任何美好的东西，最大的理想就是为了美好的东西付出一切，死在路上。最后他在陌生人的面前号啕大哭，不是为了自己，而是为了那姑娘心里的绝望。最后，他终于咬牙切齿地承认，她和他真的太像太像，犯浑的时候都几乎完全一样。

　　到了这个时候，他这辈子关于女性的所有梦想全都实现了，什么样的灵魂交流高度契合他全都尝到了，可是最后没有一个人能留在他的身旁。他这才发现，人生最可怕的就是实现了梦想，你再也没有什么新的东西可以去梦了，你的生命里再也找不到一丝一毫值得憧憬的希望。短短二十多年他走完了一个轮回，终于心如死灰，彻底绝望。

　　他为爱执着半生，寄托了全部生命，到头来只落得两手空空。他想，多少人一生中难得遇到一个知己，只能梦想着心灵伴侣，这些他全都尝到了，难道还不够吗？也算老天待他不薄。为什么成不了？也许是他要得太多，也许是他太贪心了，也许有的时候，人只能选择一样东西，为了这个甘愿放弃其他所有一切，还依然能感到幸福。那么对他来说，最重要的这个东西又是什么？

　　他像犯了魔征一样不停地问、不停地想、不停地找，直到最后眼睛一亮，终于想通了：什么心灵感应，什么灵魂契合，那些都不重要。其实到头来他只想找到一个人，无论何时、无论何地都能对他坦诚，在最丢脸、最不利的时候也不会对他撒谎，永远只说真话。因为，他就是这样的人。他要把自己完全托付给她，也要她把自己完全托付给他。不管世界多么黑暗，只要两个人互相敞开，就是汪洋大海中的一座孤岛。

当他真的想明白了，这样的人也就来到了他的身边。虽然，文化、年龄、地域等等所有方面都是天壤之别；虽然，所有认识的人都不相信他俩能成，但是他们一直走到了今天。就凭着这点坦诚，他俩接受了对方身上的所有毛病和缺点，你不对的地方我会主动让着你，你不高兴了我就主动赔礼道歉。他俩好得像一个人一样，像左手和右手一样互相支撑。每遇到一件事情，他们的第一反应都是对方会怎么看，你的心就是我的心，你不愿意的事情我不会去干。

当他回顾以往，终于懂得，以前所有的爱为什么没有结果？就是缺少了最基本的这点坦诚，你一不高兴了就不跟我说心里话，你不能让我一直去猜呀！打着为我好的旗号撒谎骗人，两颗心只能越来越远。说到底，什么精神的交流、心灵的感应，爱的这种感觉、那种气质，原来都是扯淡。再美丽的城堡如果建在沙滩上的，它就没有根基，它就注定牢固不了。真正靠谱儿的其实只有一样东西，就是说真话，无论何时何地，无论自己会不会丢脸。

你可以更彪悍地应对世界

让你终身受益的智慧:

一个人的时候,你起码可以对自己诚实。

如果两个人到了一起,还要互相戒备,小心算计,那还真不如自己一个人过呢。

坚持自我，你就可以当自己的皇帝

天才总是很极端。他说人类注定没有希望。

他说，我们就像实验室里的老鼠被放逐到地球上，这个世界就是一个疯狂变态的游乐场。

那天，他跟我详细描述了世界的起源：最初产生的并不是任何有形的东西，而是一套莫名其妙的游戏规则，概括起来就是两个字——折磨，你要的偏不给你。不信你看，动物要忍受饥饿，植物得不到雨水，人的一辈子都无法摆脱欲望的旋涡。生命的历程充满了痛苦，如果有神安排这一切，那个神就是在拿众生的痛苦取乐。

养过孩子的都知道，孩子有什么需要，大人都会给他准备好。可是我们需要的一切，没人给我们准备，逼我们自相残杀，逼我们互相掠夺。造物主创造了生命，却不给我们最基本的满足，似乎他只有从我们的痛苦里面才能得到快乐。

这好比你造了一件精巧的玩具，然后你踩它踢它，用尽心思摧残打击。那玩具拼命挣扎，还要走向不可避免的毁灭，这游戏却紧张刺激，帮你摆脱了寂寞。

如果世界是一盘棋，我们人类只能当棋子；如果世界是游乐场，我们人类只能当玩具。不管这世界谁说了算，反正你我说什么都不算。我们能做的，只是在严刑拷打的间隙，自欺欺人地说我很快乐，但是别急，下一根鞭子马上就要抽下来，打得你像发了疯的陀螺。

有人说，我们的生命只有通过努力，得到的东西才会珍惜，这样人生才有意义。这就好比先把你抢得倾家荡产，再施舍给你两个小钱儿，让你从此跪了下来，认命说我只是一个乞丐。这算哪门子的意义？

他说他认真研究过生命是怎么回事儿。人最可贵的是自由意志，选择的权力，可这东西是干什么用的？你应该自由地探索你自己，今天发现我是一只橘子，明天发现我还能变成一个苹果，我想做怎样的人都可以，潜力无限。可是现实不允许，逼你从少年的雄心万丈，变成了老年的饱经沧桑。

他说这个世界，应该帮人成就自己，利用人的优点，帮人不断超越自己。可是实际却完全相反，总是利用人的弱点，拖人下水，不给人机会。因为你最宝贵的东西，与众不同的闪光点，属于自己的独特的声音，都会被当成缺点，强迫你改掉。如果人生是一场实验，实验的主题就是摧毁，这世界千方百计不择手段要毁掉那个与众不同独一无二的你。

听完他的长篇大论，我故意问道："别人都活得有滋有味，怎么就你那么痛苦？"

他摇头："把人关在猪圈里，他一样有滋有味，可他不是猪呀。"

"凭什么你就认为人们现在的生活是猪圈？"我准备抬杠到底。

你可以更彪悍地应对世界

　　"因为我爱人们，我曾经仔细观察擦肩而过的每一个人，我真的看到了，每个人都有自己独特的价值，都有自己独一无二的光芒，但是他们永远没有机会去成为那个真正的自己。每一个我爱的人，都被这个虚伪的世界彻底毁掉。"

　　"好了好了，就算人们真像你说的，活在猪圈里，这难道不正是他们自己的选择吗？这不恰恰正说明了他们是猪吗？也许他们是有天赋、有价值、有光芒的猪，他们梦想当人但是做不到，所以他们注定是猪。"我有点儿油腔滑调了。

　　"我是说人需要得到帮助，他独特的自我价值需要被肯定，然而没有。"他争辩。

　　"你错了！"我斩钉截铁，"有价值的东西从来不需要肯定，需要的是阻挠。你走到今天，发现了你自己，谁肯定过你了？你从小就被打击、被排斥、被压抑，要不然你能成人吗？"

　　他皱起了眉头："我是主动在书里寻找养料，在现实中咀嚼痛苦……"

　　"他们为什么不可以这样？"我当即打断了他，"他们建立自己的小圈子，让自己被重视，让自己感觉舒服，然后再也不去关心自己还有什么潜能没有发挥出来，只关心房子和股票了。是他们自己放弃了自己，你懂不懂？他们和你不一样！"

　　"可是如果有人帮助……"他还是不服。

　　"谁帮也一样，烂泥扶不上墙。这个世上大多数人不爱自己，不喜欢自己，讨厌那个真正的自己。他们从来不想当自己，只想当别人，只想被别人认可，似乎说你好的人越多，你就越安全。他们像没头苍蝇一样往前冲，灵魂被远远甩在后面，怎么也跟不上。"

"可为什么这个世界里有那么多陷阱？"他挣扎强辩。

"陷阱就是人们自己挖的，他们自掘坟墓。他们埋葬了自己的灵魂还不够，还要把别人通通毁掉，闻到灵魂的味道就必须诛杀。我知道你爱他们，可是你记得从小到大他们用什么眼神看你吗？不能收买你，就排斥你，就把你孤立起来，就把你隔绝在社会之外。你是坚持走自己的路，最后找到了真正的自己，可是能做到这一点的人凤毛麟角！"

"是呀，"他深有感触，"太多的生命都被毁掉了。"

"没有人毁他们，其实是他们自己不够坚强。"我纠正道，"有一点你说对了，这个世界是个很残酷的地方，它的规则也是很残酷的，确实是利用人的弱点排斥人的优点。你只看到了别人好的地方，是你太善良，再好的人心里都有肮脏。那些脏东西拽着他的脚，让他浮不起来，让他升不上去。"

"为什么是这样啊？"他还是抱怨。

"因为规则就是这样，你想做一个更好的自己，就必须把身上不好的一切通通放弃。你心里是有光芒，但是如果不能把身上的尘土通通洗净，你就发不了光。你也知道你自己是怎么走过来的，紧紧抓住自我，顽固不化，任凭地狱锤炼烈火焚烧。你连命都可以不要，才能最后闯过来，这个别人真做不到。"

"不是做不到，很多人在半路上就被拐跑了，他听到的所有声音都是在拉他离开真正的自己，有几个人能受得了？"他为别人辩解。

"你就能受得了，"我笑道，"让人迷失的不是外面的声音，而是他自己心里的欲望。你就没受过诱惑，你就没走过弯路吗？区别是你最后又回来了，你知道那些东西并不重要。其实每个人也都有这个机会，都随时可以放弃自己拥有的一切，寻找真正的自我，只要你想。"

他真的有些感慨了："是呀，放弃一切，脱胎换骨，垂死挣扎，重新开始。我这辈子只学会了一个东西，就是把自己拥有的一切一把火烧光，然后真正的自己是烧不死的，会在灰烬里发芽，钻出绿苗。又走了一段，身上负担太多了，就可以再烧一次。大概五次以后就能明白自己是谁，十次以后，真正的自我就能坚如磐石，不可动摇。"

我笑了："你说的，等于是活了十辈子啊，一般人怎么做得到？"

"是啊，别人就算活十辈子，每次都把以前的全都忘了，你的喜怒哀乐经验教训全都剩不下来，又怎能记起自己的本来面貌？"他点头道，"可是既然我已经活明白了，难道就不该帮助别人吗？"

"帮别人没有错，你也有自由意志，你也可以选择，认为对的事情你就可以做。只是很多东西不是你能了解的，可以按你的想法做，但不要寄望太多。"

"您是不是想说，我不管怎么努力，注定没有结果？"

"话不能这么说。只是最基本的一点，没人能像你一样放弃一切，这就是最大的区别。你不能卸下别人身上的负担，这个事情只能他们自己去做。其实每个人也都在努力，只是他们不能像你一样极端，像你一样疯狂，所以也得不到像你一样的成果。"

"可是如果他们能不顾一切呢？"他还是不死心。

"如果你真能领别人走你的路，什么都放下了，百分之九十九的可能，不是疯了就是死掉。看上去人虽然差不多，其实生命很不一样，你受的苦别人承受不了。"

话音一落，他就傻掉："啊？那我活着还有什么用呀？"

"当然有用，但是这个答案要你自己去找。"我笑道。

只见他闭目打起坐来，一小时后，睁开了双眼："师父，我明白了。"

"说来听听。"

"师父你说得有理，但是我的看法也没错。"

"怎么讲？"

"这个世界根本就不是帮助人的，它的目的就是阻挠人毁人。这个我还是能分辨出来的。"

"如何分辨？"

"用阻力帮你成就自己是一回事儿，用阻力逼你背叛自己又是另一回事儿。我觉得是后者。看起来虽然差别不大，却有本质的不同。不管人的身上有多少有价值的东西，这个世界就是一点儿都不当回事儿，它对每个人都是拒绝、排斥、否定的态度。"

"为什么会这样呢？"

"我觉得是这样。如果你能实现自己，你就有了能力去修改世界的规矩，把它变得更好。可是冥冥之中好像有一种天意，就是与人为敌，不允许世界变好吧。它防范着我们，把我们当敌人看待。"

"你说的这就是潜规则了，这只是你自己的领悟，别人也不一定非要同意的。"我笑道。

"我不用别人同意啊。只要有了自己的态度，就知道下面该怎么走了。"

"你想怎么走呢？"

"我就要默默修改这个世界的规矩，让它能对人好一点儿。"

"怎么个好法？你要改什么？"我含笑问道。

"我觉得每个人在学生时代需要学会两样东西，一个是努力发掘和认识自己，我到底是谁；另一个是掌握足够的知识和技巧，去和这个世界对抗。我觉得这两条标志着成人与否，这是社会应该送给每一个人的礼物，是飞翔所需的两只翅膀。"

"我明白了，你的意思是坚持自我，拥有改变世界的力量。你希望每个人都当皇帝呀？"

"有什么不可以呢？人为什么不能当自己的皇帝？"他笑道。

"可是我就不明白，你为什么要这么在乎别人？别人在乎过你吗？"我故意问道。

"这个事我后来想明白了，他们不是故意要扼杀我，他们碰到谁都想扼杀，连自己都想扼杀。明白了以后，我看到每个迷失本性的人，都会觉得可怜。他们是被扼杀、被塑造成了这个样子，被现实摧残，被迫放弃了自己的所有美丽。他们是这个世界潜规则的受害者，他们需要知道如何反抗。"

"他们需要的东西可以自己去找，你有什么义务一定要帮他？"

"说实话，是因为我相信他们都能做得比我好，都能比我强。我研究过一个个具体的人，我进入过他们的灵魂深处，我到过他们心灵的家乡，我看过他们梦想的天堂，他们本来和我没有关系，但是迷了路就有关系，我不帮他们就没有人帮。"

"这就叫慈悲，"我笑道，"让你把自己和众生连成了一个整体。"

"是呀，只要你真的爱自己，最终就会去爱那千千万万和你一样的生命。"他连连点头。

让你终身受益的智慧：

宽恕别人，是因为看到了你和别人紧密联系的那根纽带。

这根纽带让你爱人如己，你都不用去严于律己，一言一行、一举一动都会为别人着想。

第四篇

你可以更彪悍地
应对这个世界

坚定靠的不是你的信念，而是你的技巧

某报社的社长找我叫苦，说是网络越来越发达，生存压力极大，他们从上到下都使出了浑身解数，千方百计吸引读者的眼球，好不容易才能勉强维持收支的平衡。可是上面的领导动不动就删稿子通报批评。他们身为报社的主管，一直在婆婆和媳妇之间受着夹板气，没完没了的事，出事就没好事，到处赔笑脸、和稀泥，整天精神高度紧张，眼看就到了崩溃的边缘。

我笑了："你以为什么是你们报社的第一职能？"

"写文章，出报纸，卖钱，收广告费。"

"错了！你们的第一职能是生存。"

"这有什么区别吗？我说的这些都是为了生存呀。"

"区别大了。你说的只是生存的办法之一，要想生存可不是只有这一条路呀。"

"此话怎讲？"他一下来了精神。

我举了个例子："有一个科研机构，本来只是做科研的，后来其中的一个小部门发现可以去外面接项目挣钱，挣得还不少。再后来，就是这个小部门挣钱，养活这个大机构了。明白吗？"

"对呀，我们也很大程度上是靠广告活着的。"

"谁都知道收广告费，你就没想过别的办法？"

"我们是文人，手里就有一支笔杆子，除了写东西还有什么别的办法？"

"你要重新给自己定位。你们媒体接受各种爆料，是整个社会的信息枢纽，凭这些爆料就可以去核实，就可以接触社会上的各种机构。你们手里这根笔，有时候可以决定一个企业的生死，有时候也可以决定一个官员的去留，你怎么就没看出来它的价值？"

"您的意思是……"

"你是媒体，该帮企业解决问题，因为纸里包不住火，总有一天有人会捅出去。你向企业善意地指出，他们的漏洞可能会危害他们的生存。如果你不想改，我今天就可以把事情捅出去。可是我不想这么做，我希望你们改，这样对我能有个交代，也能用实实在在的改变去堵爆料人的嘴。是我促成了你们的改变，我就有权力优先报道，这就叫软广告。"

"那我这不是同流合污，帮助他们去欺骗公众吗？"

"有时候不是这样的。因为负面报道的杀伤力太大，要么伤害一个企业，要么伤害一个行业，都给人一棍子打死了，人家还怎么爬得起来？有时候上面不许你报，也是出于保护地方经济的考虑。可是不许你报，并不等于是不许他改呀，你明白吗？你不把事情捅开，一样可以用私下的方式来推动他的改变呀。媒体存在的意义，不就是推动社会改良吗？只要他能改良，你报不报道又有什么关系呢？"

"我明白了，不管他真改假改，大改小改，只要肯改，就是进步，就是我的功劳啊。"

"更何况你还能有钱赚呢，"我笑道，"有些问题涉及整个行业，你帮一个企业改了，就等于帮他得到了竞争中的优势，他就能把自己的改变说成是行业新标准，再通过你们媒体来推广，这不是典型的双赢吗？"

"是呀！让一个人先走一步，他就有了打败别人的本钱，他当然会大肆宣传，等于是他花钱来推动行业进步呢。原来的做法只能把行业打死，现在的做法是让一个企业带动行业整体提升，两相比较，真是高下立判啊！"

我笑了："所以说你们文化人有时候就是爱钻牛角尖，跟人家硬拼拼不过，就变成缩头乌龟了。读者看你没种，当然也不买你的账，你能过得好才怪。"

"师父批评得对，"他连连点头，"我干了这么多年，都是当局者迷，还是师父旁观者清啊。"

"总之，做好事也需要手段，现实不允许你凭着一腔热血去傻干。"我总结道。

"是啊是啊，以前我真是太单纯了。顺便再问一句，如果主管领导的种种要求让我们不爽，我们有什么手段解决吗？"

"你还真贪心啊。"我笑道。

"不敢不敢，"他赔笑道，"师父两句话，就让我像洗了桑拿一样痛快，不如让我一爽到底吧。"

"那就再教你两招？"

"谢谢谢谢！"

"我先问你，上面为什么要管你？"

"维护社会稳定呀。就怕下面惹麻烦，出乱子。"

"我再问你，有谁不想稳定？"

他挠头了："好像没有谁想破坏稳定呀。"

"对呀！因为稳定并非只是领导阶层追求的利益，而是所有人的利益，上上下下谁不想过稳定的日子呢？"

"那照您的说法，还有什么必要维稳呀？"他反问道。

"大有必要！为什么上面一直强调社会稳定是重中之重，就是在给下面的人指路啊，你们要从维护稳定的角度去想问题，做事情。"

"此话怎讲？"他还是不明白。

"我的意思是，维稳需要创新，靠觉悟不如靠制度。你们媒体人的责任，就是推动改良。"

"维稳创新？"他凝神道，"有点儿意思了。"

"那你怎么想？说说看。"

"上面对社会矛盾都很头疼，我们应该想办法，创造性地化解社会矛盾。"

"对了，不要去堵，应该疏导，大禹治水就是这么干的。"

"按您的说法，我们媒体就是社会信息的枢纽，站在接触社会矛盾的最前沿，责任重大呀！"

"对了。"

"以前我们遇到自己解决不了的问题，不能报，不敢报，只能置之不理。可是从维护稳定的角度出发，我们就不能不管，应该利用自己的各种资源、各种手段，参与其中。"

"对啊，你总算想明白了。不管怎么做，都不能不做，不做肯定是错的，等于是忽视了风暴前的种种预警，真等灾难来了，你们也难辞其咎。"

"是呀是呀！很多人命关天的恶性事件，都是起源于很小的社会矛盾。如果我们事先能做点儿什么，就算没有用，起码也算对得起自己的良心！"他深有感触。

"是的，不能写新闻可以写杂文，不能写实事可以讲个大概意思，然后老百姓一看，你们没有回避社会矛盾，你们在帮忙出主意解决问题，你们报纸的销量都会提高，这是有经济利益推动的呀，你怎么早没想到？"

"您不知道，我们从来没这样想过，也都多年成习惯了。"

"你懂什么叫博弈吗？"

"您让我跟上面博弈？"

"不是你跟上面博弈，而是每一个人在社会上要想发出自己的声音，都得和身边的环境博弈。你和老婆商量去哪儿吃饭，看什么电影，都是博弈，这是社会生活的基本准则。"

"可是我跟上面又有什么讨价还价的本钱？"他态度有些悲观。

"这里不能说讨价还价，因为你们的关系不是对等的。"我笑道。

"那还能怎么博弈？"

"上下级的关系，就是命令与执行。不管上面有什么命令，你都可以创造性地去执行，你的创造性就叫博弈。"

"您是让我挂羊头卖狗肉吗？"

"错了，不要老用对抗的方式去思维。你们知识分子总是觉得老子天下第一，看谁都不顺眼，这样不行啊。他让你卖羊肉，你就去卖羊肉，但是你可以卖葱爆羊肉，明白吗？"

"您的意思是，让我把维稳这盘菜炒出味道来？"他有点儿明白了。

"对啦！可以炒完了先给他尝尝看，你做得好吃，他也会愿意的。"

"您是让我打着维稳的旗号写东西，写完了主动送给领导审查，他们同意了再发？"

"是呀，有什么不可以呢？"

"您是不知道，我们搞媒体的都被审查搞得焦头烂额，哪里还有主动让人审查，主动去穿人家小鞋的？"他愁眉苦脸道。

"这你就不懂了，这叫手段。"我笑道。

"手段？"

"你主动去做任何事情，手里都会有筹码，包括主动让人审查。"

"是吗？"

"你主动让人审查，是维稳的新思路新概念，等于是帮上面出主意解决问题。因为上面也不好过，出了事他们也得挨骂，他们没办法，只能严管，可是管得越严，下面的情绪越对立，他们比你难啊。"

"也对呀，我怎么没为他们想过？"他点头道。

"因为你自私啊，只看到自己的难，看不到别人的苦。"我一语道破。

"可是估计我写上去，他们也不会搭理我的。因为维稳创新也是创新，万一错了，谁能给我担这个责任？"

"你交东西就一定需要他们表态吗？你说你的办报方针和思路，口口声声维稳创新，他们能反对吗？反对你不就等于是反对维稳吗？可是如果不表态，那不就等于是默许吗？最起码，你再发什么东西，不也等于是和上面打过招呼了吗？"

"我听着怎么像是做了一个套，把领导给装进去了呢？"

"话不能这么说啊，"我笑道，"这就是博弈的真谛，你往好的方向使劲儿，你给大家找路。你找了十条路，有一条能用，那就是你提出来的，就是你的本钱。一本万利呀！"

他若有所思："只要我把路走通了，谁阻拦过我，都等于是阻拦进步，这还是在给领导上套啊！"

"这不是你在上套，他们已经被维稳这些事给套死了，你是在给他们解套啊。"我一句话说到了根上。

"可要是他们表面上不说，背后压制我呢？"他还有疑惑。

"大不了是压你的稿子，你可以发内参，也可以发博客，也可以攒多了出版。你想传播怎么都能传得出去，东西好了早晚会有影响。你的领导上面也有人管他，上面有人关心这个国家，路走对了，早晚有人会用你的呀！"

"您的意思是，只要走对了路，就可以坐着火箭上天？"

"不是走对路，是找对自己的位置。你们媒体人就应该忧国忧民，就应该有勇气面对种种社会问题，就应该创造性地解决问题，就应该铁肩担道义。"

他恍然："谢谢，您这句话把我给点醒了。"

"回过头来再说具体问题，为什么这个不让报，那个不能报，就是怕激化矛盾，增加不满情绪。"

"对呀。"

"可是矛盾本来就存在，不满情绪本来就存在，再怎么沉默，也不能让它减少一分一毫。"

"对呀。"他连连点头。

"所以，你可以不点明实事，你可以去说道理，你可以想方设法去解开百姓心里的结，这就叫化解矛盾。"

"对呀！反正笔在我的手里，我说了就有人听。再怎么报道，目的还不是解决问题？我不去报道，一样可以发动舆论，出主意想办法，呼吁大家来解决问题啊！"

"明白了就好，办法最重要。能为国家献计献策，能告诉百姓该怎么做，这就是今天媒体人的历史使命啊！印度有个电影，就是利用媒体，呼吁给坏人献花，因为他的自私是一种病，让大家祝愿他早日痊愈。这个电影放映之后，有个组织本来想示威抗议，也改成向警察献花了，这就是影响现实的力量。"

"是吗？这部电影叫什么名字？"

"《黑道大哥再出击》。"

你可以更彪悍地应对世界

帮大家，而不是其中一两个人，才是最伟大的事业

杨老板纵横商海几十年，独具慧眼，当年不仅躲过了金融危机，还借势而起，逆风飞扬，成就了今天这个庞大的商业帝国。

可他最近突然来访，说他很烦。

"烦在哪里？"我问。

"心里不踏实，今天的局面我看不清楚，以前从来没有过。"

"此话怎讲？"

"以前再苦的时候，按照老师的教诲，先看清楚时势，再把握住时机，我总能够化险为夷。后来生意做大了，我也一直戒骄戒躁，努力经营，才维持到今天的局面。可是突然之间，我心里没有底了，觉得很多东西都看不清楚，不得不再次来找您请教啊。"他弯腰行礼。

"为什么没有底？"我问道，"又有了什么变数？"

"您说过，人这个层面是一个谜，跳出去，才能看清楚大的时势变迁。按您的教诲，我不跟世人争短长，只按照自己对天意的领悟来做生意，哪个领域要发展，我就把钱都押进去。"

"对呀，这么干没有错。"

"问题是我看不到要往哪里发展了。"

"怎么讲？"

"解决问题的出路在哪里，由谁出面，怎么操作，我一点儿都感觉不到啊。而且我的很多朋友也心里没有底。"

"你不会收缩投资，静观其变？"

"我就是这么做的。可我发现，一种焦虑恐慌的情绪在弥漫，大家都说不清楚怕什么，可就是心里没底，不踏实，不知道该怎么办。我应该给手下的人吃颗定心丸，可是我自己都找不到这个定心丸在哪儿啊！"

"所以你就找我来了？"

"是啊，希望您能给我些启发。"他无奈道。

"有些东西是你应该承受的，我不能替你。有些问题需要你自己解决，答案就在你的心里。"说完我起身，慢慢踱出房门。

第二天，他找我辞行，说谢谢我指点迷津。

"我什么都没有告诉你呀。"我笑道。

"师父说了，要我承受，要我向心里寻找答案。"他低头道。

"哦？说来听听，这一晚你承受了什么？又找到了什么答案？"我好奇道。

"我从一个普通工人走到了今天，上天对我已经很眷顾了。昨晚我想了一夜，又找回了当年那个学徒工人的心态。"

"怎么说？"

"最坏不过是失去一切，当年我也是一无所有，怕什么？今天我看不清楚前面的路，可是当学徒的时候，我又何尝看清楚过前面的路？这些年，我一面自己挣钱，一面创造更多的机会帮大家挣钱，也算得上是问心无愧了。唯一我错的地方，就是当我的盘子做得更大的时候，没有承担起更大的责任。现在我想试试看。"

"怎么试？"我更好奇了。

"要在这个时候放手一搏，用我巨大的资金，推动我看到的解决方案，把这个国家推向更好的明天。"他正色道。

"你看到了什么方案？"

"现在还不是太完整，我只能简单说一点儿。我有一个基本的立场，就是天下一心，天下人都是我关心的对象。他们的痛苦、烦恼我要一同承受，因为这种力量会推动他们往前走，会给这个世界带来改变。"

"说得好。这是一个重点，还有呢？"我刨根问底。

"还有就是今天普遍弥漫的恐慌情绪，这里面就藏着通向明天的钥匙。"

"怎么讲？"

"明天一定要想办法解决这个问题，一定要想办法给大家吃个定心丸。为了做到这点，就得允许八仙过海，各种各样解决问题的尝试都会出现。也就是说，逃避问题的路已经走到尽头，大的形势已经转变，要转向面对问题和解决问题的方向上来。"

"对，是这么回事。"我点头微笑。

"我有钱，民间有愿望，有呼声，有人才，两者结合起来，各种各样解决问题的办法就有可能实现。"

"你怎么保证你帮的人能成事呢？"我问道。

"我不能保证。不过没关系，我只希望能够成事的人背后有我在帮忙。"

"我明白了，你要大网捞鱼，最后谁上去了，都得念你好。"

"我不是为了自己！"他纠正道，"我只是必须要做出一个姿态、一个榜样，让大家看到，希望不死，不管道路怎么艰险，一直有人在努力。"

"不抛弃，不放弃？"我问道。

"对！"他答道，"当年面对困难的时候，我曾一度想过放弃，很多人至今耿耿于怀。所以这次我必须挺身而出，也是为了洗去我李家的耻辱啊！"

"用民间的资本，帮助民间的力量发出声音，给决策者提供更多可以选择的人才和方案，是不是这个意思？"

"对的，我就是想雪中送炭。"他点头。

"不管最后谁输谁赢，谁成谁败，他们都得感谢你，因为你帮的是这个大家，不是其中的一两个人。"

"对啊。"他叹道，"我是生意人，但是师父说过，最大的生意不要考虑自己的利益。能让天下从中得益，才是最伟大的生意。"

"这可不是我说的，"我笑道，"这就是你自己的心。"

你可以更彪悍地应对世界

壮士断腕，才能换来重新开始的契机

某大型国企的副总流年不利。先是全行业不景气，利润太低。然后他分管运营，老总似乎就想让他背这个黑锅了。接着上面派人下来，说要调查国有资产流失，这个罪名一旦坐实，身家性命都要打水漂了。他的护照也被收了，名下的房产也不许出售，眼看着离"双规"不远了，他来求我想办法救命。

我故意拿了一把："帮你也可以，但是你能跟我说实话吗？"

"一定一定，我若有半句假话，天打雷劈！"他连磕了几个响头。

"那我先问你，你捞了多少黑钱？海外有多少存款？账号密码都是多少？"

"啊？"他一下愣住了，"这个真没有啊，天地良心！"

"这个可以有。"我笑道。

"这个真没有！"他赌咒发誓。

"哦，那就不用我帮了。既然你是千年不遇万年不出的清官，你怕什么？让他们查去，随便查，谁倒了你也倒不了啊。"我笑了。

"师父这不是消遣我吗？"他有些埋怨。

"怎么消遣了？是不是你说的你没有捞？是不是你说的句句属实？既然身子正，就不怕影子斜，难道不对吗？"我继续拿他开心。

"话不能这么说，"他有些不好意思，"我是千辛万苦，付出了巨大代价，好不容易才坐上了今天这个位子。既然手里有点儿权力，有人求我办事，我有时候也磨不开面子。给人帮了忙，人家非要给点儿回报，有时候也根本不容我拒绝呀。"

"你就说不要，不是很简单吗？"我奇了，"给你多少你都原样退回，他要拒收你可以上交呀。这鸡蛋要是没有缝，苍蝇也叮不进来吧？"

"师父，您是不知道，"他哀叹道，"有时候人家的后台比我还硬，我不收等于是驳人家的面子，那以后还怎么在这个圈子里混呀？"

"没关系呀，只要是符合规矩的，你该帮忙就帮忙，就是不要人家的好处，免费帮忙还不行吗？"

"那可不行。别人都收，就你不收，别人都脏，就你干净，你这不等于是搜集别人的把柄吗？你想把别人都搞下去，那别人一定会联合起来搞你，你让我还怎么混得下去？"

"说来说去，不还是你贪，"我笑道，"兜这么多圈子干吗？你捞的时候就没想过，出来混早晚要还？"

"确实是我不对！"他后悔道，"可我也只是随波逐

217

流，没做过什么出格的坏事。再说了，我也有能力、有抱负，也是希望做一番事业的呀！"

"偌大的企业，都让你们这帮蛀虫给掏空了，还好意思说做事业？"我毫不客气。

"师父，您真错怪我了，"他很委屈，"我们这个行业是有竞争的，又不全是垄断，捞多了市场也不答应。"

"那你说你们怎么弄下这么大的亏空，搞得上面要来查账？"我步步紧逼。

"一个是被洋人坑了，高价采购原料，如今原料暴跌，越干越亏，不干更亏。再一个，前两年过度扩大生产规模，如今三分之二的厂房设备都闲置下来了，银行贷款的利息都还不上。"

"谁让你盲目扩张的？"

"当年形势就是这样，银行赶着给你送钱。谁想到这两年形势急转直下，银根缩紧了，市场又不景气，这不等于是把我们往火坑里推吗？"

"你的意思，这是天灾？"

"是呀，天亡我也，非战之罪。"

"所以，他们让你承担责任，你就有点儿委屈？"

"是呀，凭什么呀？"

"你觉得是凭什么？为什么天上下雨，单独把你一个人浇成落汤鸡，别人怎么没事？"

"您不知道，出了事总得有人承担责任，可是我们老总根基很深，轻易动不了，所以论资排辈就轮到我了。谁让我一无背景，二无后台，是从下面一点点干上来的呢。"

"听你的意思，好像是《侠客行》里临时抓一个人当帮主来顶灾？"

"对对，我还傻呵呵地又托关系又找门路，把多少年攒下的家底儿都扔进去了。结果屁股还没坐热，就成了别人的替罪羊，您说我冤不冤呀。"

"那你想怎么办？"我问道。

"我还能怎么办？能留下一条老命就知足了，求师父一定救我。"他哀声道。

"办法倒是有，不但能救你，还能让你接着坐这个位子，就是以后可能捞不了黑钱了，你愿不愿意？"

"愿意呀！只要能过了眼前这个坎儿，以后我做牛做马报答您！"他咚咚咚又连磕好几个响头。

"别，我受不起，"我笑道，"如果让你二十四小时被监控，电话、短信、邮件等一切个人信息都记录在案，你愿不愿意？"

"啊？那我不就没有隐私了吗？"他问道。

"对！就是用你的隐私来换眼前的消灾解难，你愿不愿意？"

"这个……"他想了想，终于咬牙道："横竖是一死，干脆我就拼了，大不了以后做个清官，我干了！"

"不光以后捞不到黑钱，可能以前吃的全得吐出来，你能做到吗？"

"吐倒是没问题，可是我的手里也没有那么多了，我也只是过路财神呀。"他有些犹豫。

"这个倒不是大问题，只要说清楚来源去向，他们也不会太为难你。"我安慰道。

"行吧，师父我就听您的了，有什么办法您就说吧。"他终于下定了决心。

我却岔开了话题："你说今天中国最大的问题是什么？"

"这个？"他有些摸不着头脑，"好多人都说是权力太集中了，西方国家讲究的是权力分散和制衡呀。"

"我的看法恰恰相反，"我笑道，"权力分散才是最大的问题。"

"哦，您给我说说。"

"为什么多年积累的问题得不到解决，老百姓意见越来越大？就是因为张三做不了李四的主，李四做不了王二麻子的主，权力分散嘛。铁路警察各管一段，谁也不能触犯别人的利益，所以就算有人想做事情，到头来也是无能为力。"我一语道破。

他想了想："是这么回事儿。我也想把工作干好，可是人事关系错综复杂，就凭一个不得罪人，我才勉强混到了今天。"

"这么说你也有雄心壮志？"我故意问道。

"那当然了，可是现实就是现实，想得再好，最多也只能实现百分之三十。如果真能让我放开了手脚，我们企业也不会落到如今这般田地！"他深有感触。

"这么说，即使到了今天，你也有能力有办法让企业走出低谷？"

"那当然了，其实很多问题我三年前就预见到了，给领导反映他们还听不进去。我为什么这么努力往上爬？就是希望有一天能有机会实现自己的抱负呀！可没想到，事情还没开始做呢，自己的命就要保不住了。那么多工人张嘴吃饭，还有谁能管得了他们？"

"先别感慨，"我连忙拦住，"只要你对企业有用，就能得到自己的机会。"

"你的意思是……"

"我先问你，调查组下来干吗？想治你早就可以下手，为什么要自上而下、三番五次地约谈呢？"

"我也奇怪呢。这次他们来头不小，我们老总都很紧张，可是谁也猜不透他们葫芦里到底卖的是什么药。"

"你就没问问？"

"我问了，他们挂在嘴边的，就是要帮助我们企业解决问题。我就奇怪了，我们这些内行干了一辈子都解决不了，你们才来几天，就有本事解决问题？"

"你不是正好也有很多想法吗，有没有跟他们说呀？"

"我跟他们可说不着。现在我是被审查对象，内定的背黑锅人选，夹着尾巴做人还来不及呢，我怎么敢招事儿呀。"

"哦，那他们要钱吗？"我故意转移了话题。

"我没有试过，不过听别人说，他们一分钱都不收，清水衙门，真猜不透他们图的是什么。"

"那你说，你们老总这回能保得住吗？"

"这个谁敢说呀？反正我看得出来，老总这回挺紧张的，好像是有点儿危机感。"

"那你觉得，他们这回会不会走走过场就没事儿了？"

"我看不像。他们背后好像有高人支着儿，头天调查出了什么东西，第二天就能对症下药，很多时候都切中了要害。看样子是想给我们做大手术了，所以，我们高层那几个领导才会口径一致，把我抛出去当替罪羊呢。现在的局面是我难逃一死，我死了以后，他们几个也不见得没事儿啊。"

"那都到了这一步了，你还看不出来他们为什么不动你吗？"

"为什么呀？"他还是摸不着头脑。

"就是给你时间，等着你主动叛变呢！"我说得非常肯定。

他又沉思了起来："听他们的口气，好像是有这个意思，不然也不会告诉我别人都说了我什么坏话。可是别人能出卖我，我可不敢出卖别人，我又没有后台，打不着狐狸再惹一身骚，我会死得更惨的。"

"反正已经死定了，你怕什么呀？"

这一句话把他点醒了："对呀，我怕什么？大不了鱼死网破！可是我该怎么干呢，师父？"

我笑了："他们不是说要帮你们解决问题吗，你不是也有很多想法一直没有机会实现，这不就是共同点吗？"

"您是说，让我把自己设想的整套方案都交上去？"

"对了，我就是这个意思。"我含笑点头。

"可我自己身上还有一堆事儿呢，把柄都攥在人家手里，人家怎么可能相信我呀？"

"你不用他们相信，你说你知道你有罪，只想戴罪立功，希望他们给你机会。"

"怎么戴罪立功？难道要我出卖别人？"他疑惑道。

"这个不用。别人既然联合起来让你背黑锅，他们肯定做好了防范，真正的短处也不会落在你的手里。说不好听点儿，只有他们核心圈子里的人才有资格出卖，你还不够分量。"

"是呀！"他连连点头。

"一个企业不管遇到了多大的难处，最重要的是往下怎么走。你的方案就是你的筹码，而且你从下面一步步爬上来，也有自己的人脉，做起事来得心应手，这就是你最大的本钱。"

"对呀，我为这个方案准备的都不止三年两年。可是如今，所有屎盆子都扣到了我的头上，他们要是不处理我，都没法跟别人交代。"

"所以，你就灰心绝望？"我问他。

"不然还能有什么办法？"他丧气地答道。

"有。就是我开始说过的，你愿意放弃自己的所有隐私，愿意接受二十四小时监控。"

他有点儿晕了："您是说，让我放弃隐私，放弃人身自由，让他们把刀架在我脖子上，随时能砍下来，然后我就可以放手实现我的理想了？"

"有一点错了，不是你让他们怎样，而是刀已经架在了你的脖子上，他们的耐心也很有限。如果你不能证明自己有用，不能给他们一个可以操作的方案，他们凭什么要给你机会？"我纠正道。

"我这就等于背水一战？"

你可以更彪悍地应对世界

"不是战，是主动地缴械投降，缴枪不杀。上面也在发愁如何把这么大的企业控制起来，就等着出你这么个内奸。"

他的脸红一阵白一阵："师父呀，是别人对我不仁，就不能怪我不义。我只怕真要大刀阔斧地改革，会触动太多人的利益，有人算计我怎么办？"

"什么叫监控你懂吗？有人贴身会保护你的安全。名义上是你的保安，实际要记录你的一言一行。说白了，就是上面伸下来的一只手，你的权力是上面给的，所以，你的一切就必须对上面公开。到那个时候，你的一言一行就是上面意志的直接体现，那么，谁敢算计你？"

"您的意思是说，只要我跟上面合作，连我们老总都会被拿下，我会成为新的老总？"

"你觉得呢？"我反问道。

"我觉得有点儿异想天开呀。我有什么背景？何德何能？上面真有这个魄力吗？"他还是没有信心。

"这可不是魄力的问题。你们企业现在已经不是香饽饽了，变成了人人避之唯恐不及的臭狗屎。不管你们老总的后台是谁，他可不想为今天的烂摊子承担责任，巴不得把你们甩得越远越好。现在，你们管上面要支持，不光要交出你们的权力，还得拿出靠谱儿的操作方案。说实话，要不是你有想法，有自己的一套办法，我还真无法帮你。"

他总算明白过来了。

"而且你会发现，真的放弃了隐私，接受了监控之后，日子并不是那么难过。"我又点了他一句。

"为什么？"

原典精粹：

人当变故之来只宜静守，不宜躁动。即使万无解救，而志正守确；虽事不可为，而心终可白；否则必致身败而名亦不保，非所以处变之道。

翻译：

一个人在变故突然来临时，应该安静地守住自己的信念，而不应该急躁妄动。就算一点儿解救的办法没有也不用怕，因为能守住自己的信念，保持自己的节操，就算事情不能改变，但是自己的心还是清白的。是清白的就终有昭雪的时候，否则必然会身败名裂，这不是处理变故的方法。

"因为你的一切都记录在案，有案可查，上面还有什么理由不相信你？你就是上面延长出来的手臂，什么办法都可以使，没有办法上面也会帮你想办法的。至于脖子上架的那把刀，你大可放心，你对上面那么有用，人家又怎么会舍弃你？"

"真能这样吗？"他还是有些将信将疑。

"要解决问题就得权力集中，要权力集中就得有一批人走这条路，只是时间早晚的问题。"我语气非常肯定。

"照您这么说，我先走一步，也许还能得到更大的重用？"他的眼里又闪出了希望。

"先别想那么远。不过要是你真能带你们企业走出危机，也可能会把整个行业都交给你。"我笑道。

"要是真能置之死地而后生，我一定过来专门谢您！"

"那倒不必，我可不想监控你的人把我也给监控进去。"

你可以更彪悍地应对世界

处事无情绪，才能找到解决问题的关键

老张当了总经理，却犯起愁来。

我问他："这是何原因呀？"

他连声叫苦："公司前途黯淡，危机重重。这个时候让我当总经理，那就是要我好看啊，多少人等着看我笑话。名义上让我扭转乾坤，实际上就是个替罪羊。"

"此话怎讲？"

"下面的人不服，高层的那几个副总都等着给我落井下石，背后还有一堆元老在指手画脚。如今我是动辄得咎，什么都没法干，早知如此，当初何必立那个军令状呀！"他一声长叹。

"你立下什么军令状了？"

"我拿出了方案，要让公司好起来呀。那时全公司征集方案，搞得沸沸扬扬，别人都往后躲，就我还傻往前冲，真以为老板多有诚意，却没想到掉进了一盘死棋。"

"不是让你当上总经理了吗？应该一切大权都交给你呀？"

"说得好听，实际上哪有什么权力！公司一切照旧，都把我当个签字盖章的机器！"他愤愤道。

"不对呀，你不喜欢的可以不签呀，这点儿权力还没有吗？"我奇道。

"我倒也试过，刚一犹豫，说大家商量商量，立刻就有人摆出了一大堆困难，似乎我不立刻签这个字，他们就没法干了。说白了，哪个部门都牢牢抓住自己那一点儿眼前利益，谁也不在乎公司的大局。"他沮丧地说。

"难道公司搞不好，他们就不担心吗？"我问道。

"他们有什么好担心的？天塌下来有大个儿顶着，有我顶着，他们早就准备好卷钱跑路了。说白了，他们现在只担心一件事，就是我别翻他们的老账，别逼着他们把以前捞的黑钱吐出来就行。他们只求站好最后一班岗，时刻准备着脚底抹油开溜。"

"既然他们也怕这个，那你查出点儿事，不就拿到他们的把柄了吗？他们不就能听你的了吗？"我开解道。

"谈何容易呀！我手下没有一兵一卒，只有我这个光杆司令。我们公司的人际关系错综复杂，有好几个派系。下面的人对谁都不敢得罪，对哪个派系都得表态效忠，最后就只能得罪我这个徒有其名的老总了。"

"那你不会整顿一下公司高层？"我给出了主意。

"怎么可能！高层那几个，哪个背后都有元老撑腰，谁的根子都比我硬，我动得了谁呀！"他无奈道。

"哦，你真的干不了了吗？"我故意问道。

"是呀，这么弄我真没法干了！"他点头。

"干不了可以辞职啊。反正船要沉，别人都要跑，你也跑呗。赶紧收拾点儿细软家私，倒腾出去再说。"我笑道。

他一下愣住了，过了半晌才缓过神来："师父，别人找您帮忙，您也都给出这种主意吗？"

"那不一样。别人想往前走，那就怎么都有办法。是你自己打退堂鼓的，那还不退？"我还强词夺理。

"那师父，要是我也想往前走呢？"他不甘心。

"前面没有路呀，你不是干不了了吗？"我逗他。

"可是我是真想干呀，要不我来找您干吗？"他终于亮出了底牌。

"这么难的局面，你为什么还想干呢？是图那个权力还是要捞钱呢？"我还在勾他的话。

"不是的。我一进公司就想做一番事业，现在好不容易得到了这个机会，也是我多年努力争取来的，也是我梦寐以求的啊。只是爬到这个位置才感到胆战心惊，怕自己难当大任。"

"你都爬上来了，还怕什么？说你行你就行的。"我还在兜圈子。

他一下急了："师父您就别再拿我开玩笑了！"

我只好继续点他："是谁说你行的？"

"是老板啊。"

"对呀，老板都说你行了，你还不行吗？"

"怎么讲？"他若有所思。

"你有你的套路，你有你的方法，老板不认可，凭什么让你上？"

他猛一拍脑袋："对呀！可是为什么我有事情求他帮忙，他不肯给我撑腰呢？"

"你傻呀！帮你和别人作对，那不就成《三国演义》

了？他是让你解决问题，不是让你制造问题的，还轮不到你恃宠而骄呢。"我直接把话说开了。

"这么说，他是让我寻找更好的办法来解决问题啊。"他恍然大悟，"可是为什么您又要我辞职呢？"

"辞职有很多种，辞职不是让你真的不干，你怎么还不明白？"我给说得就差一层窗户纸了。

"哦，您是让我把辞职当成一个筹码，跟别人谈条件啊。高，实在是高，您怎么不早说呢。"他还埋怨上我了。

"我早就跟你说了，怪你没听明白。"

"是是，弟子愚笨，求师父再多教两招。"他赶紧又跪了下来。

"辞职这事儿不好拿捏分寸，你最好的办法就是请假。先有几天不露面，然后大家就会猜你是怎么回事儿。老板也不想把事情闹僵，他肯定得出来表态。这样一来，大家就都看清楚老板的态度了，起码表面上不会让你下不了台。"

"我明白了，您这是让我立威呀。既然做不了什么大动作，就只好以退为进，先谋求一个表面上的安定团结。"他总算明白了。"可是，接下来我又该怎么办呢？毕竟所有问题都还没有解决呢。"

"你怎么什么都不懂啊？这到底是你干还是我干？"我故意嘲笑他。

"还是师父高瞻远瞩，求师父一定不吝赐教。"他还跟我客气到底了。

我只好和盘托出："这都是一环套一环的。表面上大家不反对你了，接着你就该把公司的问题都摆出来，让大家帮你出主意。你有这个方法那个方法，都不要急着用，先听听大家怎么说。"

他想了想："要是这么干的话，他们就得互相掐起来。一个是想互相推脱责任，再一个，谁不想削弱别人的权力，自己多捞点儿呀。"

"要的就是这个。"我笑了，"你动他们动不了，就让他们互相掐，这样他们才能有危机感，才能紧密团结在你的周围。"

"您是说两只小熊分肉，我当狐狸仲裁，这边吃一口，那边吃一口，最后全吃到我的肚子里？"他终于开窍了。

"对呀！但是你抓的不是利益，而是权力。要借这个机会，把他们的手下都拉拢到你的身边，让下面的人明白谁是真正的老大。"

"这个好倒是好，但是应该怎么操作呢？"

"既然他们互相掐，你总得核实问题吧，你总得找底下的人调查吧，你总得让下面的人直接跟你汇报吧，这不就有联系了？然后你让张三给李四的报告挑毛病，让李四给张三的报告挑毛病，这样一来二去，下面的把柄不就都到你的手里了？捏着人家短处让人对你效忠，这点儿活儿你还不会干吗？"

"师父您可真够阴险的。"他终于笑了出来，"用您这套办法，不管下面的人分成这派那派，最后都得变成我的人马。"

我连忙摇了摇手："要说解决问题的方法，你早就心里有数，要不老板也不会让你上来。我教你的，只不过是把权力抓到自己手里，让下面人都听你的。真正难走的路还在后面呢。"

他却笑逐颜开："后面的事我都有办法，我只怕这开头三脚踢不响。其实我最怕的就是别人都不听我的，阳奉阴违。有了您这几招，前面那就是一马平川，不成问题了。"

"那你想想，你原来怎么就找不到这种办法呢？"

他认真思索了起来："原来我只想把自己的意志强加于人，但是人和人想法不同，还怪我太意气用事了。处理问题还是不能一厢情愿，得一步一步脚踏实地把事情推进。对那些阻拦我的人，我应该静心研究他们的弱点，找到突破他们的办法。再怎么跟他们恳求，再怎么空谈，都不可能让他们真正地帮我。管用的办法只有一条，就是捏住他们的喉咙，根本不给他选择，让他不听都不行啊。"

让你终身受益的智慧：

处事无情绪，才能找到解决问题的关键。

处人有智慧，胜过万语千言。

关于本书所用原典——《格言别录》

本书所用原典，皆出自弘一大师的传世佳作《格言别录》。此书乃弘一大师倾注心血编成，已有无数人从中受益。

现恭录部分如下，希望各位读者能时常诵记，定可心绪宁和，处身立世、待人接物皆有进益，善待自我和他人。

（注：本书选列原典格言，均引用自《弘一大师格言别录》，董敏编，安徽文艺出版社，1997年版。）

○为善，最乐。读书，便佳。

翻译：最大的快乐叫作善，最好的事情是读书。

○不自重者，取辱。不自畏者，招祸。

翻译：如果你不重视真正的自我，别人也不会重视你，最后只能换来屈辱。

如果你不能对自己的灵魂怀有敬畏之心，你就会渐渐失去自己最本质的一切。失去了本质你就会失去自己真正的价值，最终迷失在这个世界上，厄运连连。

○持己，当从无过中求有过，非独进德，亦且免患。待人，当于有过中求无过，非但存厚，亦且解怨。

翻译：要求自己应该从没有过失的地方找过失，这不但能够增进德行，而且能够避免忧虑、忧患；对待别人就应该从别人的过失中找到没有过失的地方，这不但能够保存自己忠厚的印象，也能够解除怨恨。

○吕新吾云："愧之，则小人可使为君子。激之，则君子可使为小人。"

翻译：吕新吾说："一个人常有忏愧之心的话，就算他是小人，也会变成君子；一个人太过偏激的话，就算是君子最后也会沦为小人。"

○茅鹿门云："人生在世多行救济事，则彼之感我，中怀倾倒，浸入肝脾。何幸而得人心如此哉？"

翻译：茅鹿门说："人生活在世上，应该多做一点儿救人济世的事情，这样的话，被救济的人就会对我非常感激，感入肝脾。我们能够得到人家这样的感激之心，是多么的幸运啊！"

你可以更彪悍地应对世界

○诸君到此何为？岂徒学问文章，擅一艺微长，便算读书种子？在我所求亦恕，不过子臣弟友，尽五伦本分，共成名教中人！

翻译：诸君到这里是为了什么呢？难道只是为了学习知识，学写文章，有一技之长？这样就算读书的种子了吗？对于我来说，我来这里的目的不过就是学习忠恕之道，学会怎样更好地孝顺父母、尽忠国家、尊敬兄长和结纳良友而已，以期成为一个君子。

○何谓至行？曰："庸行。"何谓大人？曰："小心。"

翻译：什么是最高的品行？答曰：最高的品行就是行中庸之道。怎样的人叫作大人（和"君子"同义）？答曰：大人就是行事小心谨慎，不说大话，敢于以行为证明自己的言行思想。

○凛闲居，以体独。卜动念，以知几。谨威仪，以定命。敦大伦，以凝道。备百行，以考德。迁善改过，以作圣。

翻译：谨慎地对待一个人时的空闲生活，从而体会孤独时的感受；体察自己心中升起的念头，从而觉察出微妙的变化；注重自己的外表威仪，从而稳定自己的使命；注重基本的伦理道德，从而巩固道德修养；具备多种品行，从而考核自己的德行；多做善行，多向好的看齐，改正自己的过错，从而使自己努力达到圣人的境界。

○观天地生物气象，学圣贤克己工夫。

翻译：观察天地万物的变化，学习圣贤严于律己的功夫。

○自家有好处，要掩藏几分，这是涵育以养深。别人不好处，要掩藏几分，这是浑厚以养大。

翻译：自己有什么长处、好处，要懂得掩饰，不要锋芒毕露，这是包容别人、培育道德以养自己深厚德行的方法；别人有什么不对的地方、短处，我们也要懂得帮人家掩饰，不要到处揭人之短，这也是增大自己忠厚的品德以养成宽大胸怀的方法。

○以虚养心。以德养身。以仁养天下万物。以道养天下万世。

翻译：用谦虚来培养自己的心胸，用道德来培养自己的行为，用仁义来对待天下万物，用规律、思想作为后代的表率。

○一动于欲，欲迷则昏。一任乎气，气偏则戾。

翻译：我们经常产生欲望，一旦被欲望所迷，我们就会头脑迷糊、神志不清，从而容易犯错；怒气一旦产生，发生了偏差，太偏激了，就会犯罪。

○不为外物所动之谓静。不为外物所实之谓虚。

翻译：心不会被外界的事物左右，才是真正的心静；心不能被外界的学说充满，才是真正的虚怀若谷。

○青天白日的节义，自暗室屋漏中培来。旋乾转坤的经纶，自临深履薄处得力。

翻译：大凡光明磊落的伟大人格和节操，都是从艰苦的环境中磨炼出来的；凡是治国平天下的韬略，都是从小心谨慎中锻炼出来的。

○应事接物常觉得心中有从容闲暇时，才见涵养。

翻译：应对事情，接待人与物，如果常常觉得心中有种从容闲暇的感觉，这时才能看出你的涵养。

○吕新吾云："心平气和四字，非有涵养者不能做，工夫只在个定火。"

翻译：吕新吾说："'心平气和'四个字，也只有那种真有涵养的人才能做到，关键在于平下心中之火。"

○陈榕门云："定火工夫，不外以理制欲，理胜，则气自平矣。"

翻译：陈榕门说："平定心中之火的方法，不外乎用理智来控制欲望。理智战胜了，自然就心平气和了。"

○冲繁地，顽钝人，拂逆时，纷杂事，此中最好养火。若决烈愤激，不但无益，而事卒以偾；人卒以怨；我卒以无成；是谓至愚。耐得过时，便有无限受用处。

翻译：处在繁华的地方，面对顽固愚钝的人，正当事事不顺，要处理各种繁复的事情，是培养安定平和的情怀的最好时候。如果这时太偏激愤怒的话，不但没有好处，反而事情最后会做不好，别人会对我产生怨恨，我最后也将一事无成，这可以说是愚钝到了极点。反之，如果能忍耐过去，就会有无限受用的好处。

○富贵，怨之府也。才能，身之灾也。声名，谤之媒也。欢乐，悲之渐也。

翻译：太富贵就容易产生怨恨，是因为太傲慢不懂得尊重别人；才能外露就容易遭到灭身灾祸，因为容易遭到别人的嫉妒；名声名望太高就容易遭到别人的诽谤；乐极就容易生悲。

○大着肚皮，容物。立定脚跟，做人。

翻译：对于世间万物我们应该要有宽容之心，可以包容洁净善良，也应该能容污秽恶人。而做人就要脚踏实地，一步一个脚印，不要急功近利。

○殃咎之来，未有不始于快心者，故君子得意而忧，逢喜而惧。

翻译：灾祸过失的到来，没有不是从快意顺心之时发生的，所以君子在志向得到满足时就会有忧虑，从而考虑得更周全，在遇到喜事时会有畏惧，以检查是否有纰漏。

○尽前行者，地步窄。向后看者，眼界宽。

翻译：极力向前走的人，前边的路就会越来越窄；时不时向后看的人，他的眼界就会更开阔。

○步步占先者，必有人以挤之。事事争胜者，必有人以挫之。

翻译：每一步都想领先的人，一定会有人把他挤下去；事事都想成功的人，一定会有人给他挫折，让他失败。

○书有未曾经我读。事无不可对人言。

翻译：书有我没有读过的，但事却没有一件事不能告诉别人的。

○以恕己之心恕人，则全交。以责人之心责己，则寡过。

翻译：用宽恕自己的心来宽恕别人，那么就能够完善友情；用监督别人的心来监督自己，这样就能少犯过错。

○处难处之事愈宜宽。处难处之人愈宜厚。处至急之事愈宜缓。

翻译：处理难处理的事更应该宽心从容，对待难相处的人就应该更加忠厚，处理非常急的事更要放缓心态。

你可以更彪悍地应对世界

○花繁柳密处拨得开，方见手段。风狂雨骤时立得定，才是脚跟。

翻译：在花繁柳密的极盛之时还能拨开繁华，不被繁华迷惑，这才是一个人的真正的品德与能力；在狂风暴雨的极恶环境中还能屹立不倒，那才是真正的踏实。

○刘直斋云："存心养性，须要耐烦、耐苦、耐惊、耐怕，方得纯熟。"

翻译：刘直斋说："保存赤子之心，修养善良之性，必须要忍耐得了烦恼与痛苦，忍耐得了惊吓与害怕，这样才能成功。"

○人当变故之来只宜静守，不宜躁动，即使万无解救，而志正守确；虽事不可为，而心终可白；否则必致身败而名亦不保，非所以处变之道。

翻译：一个人在变故突然来临时，应该安静地守住自己的信念，而不应该急躁妄动。就算一点儿解救的办法没有也不用怕，因为能守住自己的信念，保持自己的节操，就算事情不能改变，但是自己的心还是清白的。是清白的就终有昭雪的时候，否则必然会身败名裂，这不是处理变故的方法。

○任难任之事要有力而无气。处难处之人要有知而无言。

翻译：负责难以担任的事，要认真负责，但不能有怨恨之气。和难以相处的人相处，要有智慧，但不能多嘴、啰唆。